ARQUITECTONICS
MIND, LAND & SOCIETY

7

ARQUITECTURA Y MEDIO AMBIENTE

CARLES SAURA I CARULLA

Directores de la colección:
Josep Muntañola Thornberg
Luis Ángel Domínguez

Primera edición: junio de 2003
Reimpresión: abril de 2010

Diseño y fotografía de la portada: Carles Saura i Carulla, Josep Muntañola Thornberg
Dibujo de la portada: Carles Saura i Carulla
Gráficos interiores: Carles Saura i Carulla

Diseño gráfico: Luis Ángel Domínguez
Maquetación: Valeria Calzia, Benedetta Rodeghiero

© Carles Saura i Carulla, 2003

© Edicions UPC, 2003
 Edicions de la Universitat Politècnica de Catalunya, SL
 Jordi Girona Salgado 31, Edifici Torre Girona, D-203, 08034 Barcelona
 Tel.: 934 015 885   Fax: 934 054 101
 Edicions Virtuals: www.edicionsupc.es
 E-mail: edicions-upc@upc.edu

Producción: LIGHTNING SOURCE

Depósito legal: B-26530-2003
ISBN: 978-84-8301-718-0

Cualquier forma de reproducción, distribución, comunicación pública o transformación de esta obra solo puede ser
realizada con la autorización de sus titulares, salvo excepción prevista por la ley. Diríjase a CEDRO (Centro Español
de Derechos Reprográficos, www.cedro.org http://www.cedro.org) si necesita fotocopiar o escanear algún fragmento
de esta obra.

Prólogo

Relacionar la sistematización de los conocimientos con la arquitectura es un viejísimo objetivo, imposible, perseguido ya por la filosofía griega clásica hace más de 2500 años...
Sin embargo, no hay que olvidar, que sin estos conocimientos "sistemáticos", por más limitados que sean, estaríamos todavía en la época de las cavernas. Si queremos el bienestar y la comodidad de una sociedad tecnificada, hemos de saber cuales son y han sido los sistemas que la han hecho posible, al menos en parte.
Por ello, tenemos aquí descritos de una manera breve y didáctica, algunas cuestiones entre las ciencias ambientales y sus sistemas, de una parte, y el conocimiento del comportamiento de los edificios y de las ciudades, de otra parte.
Artistas, científicos y filósofos encontraran que la descripción de estas conexiones es escasa o incompleta para sus propios intereses artísticos, científicos y/o filosóficos. Espero, sin embargo, que todos acepten que introducir estas conexiones en la educación secundaria y universitaria puede despertar la curiosidad de muchos futuros profesionales hacia un uso correcto, responsable y sostenible de los recursos naturales, siempre limitados, de nuestro entorno.

Barcelona, 19 de Marzo 2003

Josep Muntañola Thornberg

Índice

	Introducción	09
I	Los sistemas y sus propiedades emergentes	15
	I.1 El concepto de sistema	17

        Sistemas lineales y no lineales. Modelos   22
        Sistemas simples y complejos   25

    I.2   Complejidad   26

        Niveles de jerarquía y escala de los
sistemas complejos   28
        Sistemas naturales como sistemas
complejos   30
        El sistema y su entorno como supersistema   31
        Los sistemas autopoyéticos   32
        La tendencia hacia la complejidad en la
evolución   34
        Criticalidad organizada   36
        Sistemas sociales como sistemas
complejos   37

    I.3   La entropía   40

        Entropía termodinámica   40
        Entropía no estrictamente termodinámica   42
        La entropía en los sistemas complejos   44
        El hombre como sistema disipativo   47

    I.4   La información   49

        Significación de la información   49
        Información en los ecosistemas   50
        Degradación de la información en la
sociedad   53
        Cibernética evolutiva y sistemas   53

| | I.5 | La evolución de los sistemas complejos | 55 |

Propiedades de los sistemas complejos — 55
El concepto de sucesión en ecología — 59
Sucesión ecológica y gestión — 63
Fronteras entre los ecosistemas, explotación y información — 65

| II | | Sistemas y arquitectura | 69 |

II.1 Una aproximación al diseño como sistema — 71

Límites y progresos — 72

II.2 Naturaleza mixta cultural y material del sistema arquitectónico — 73

II.3 El sistema ecosocial como contexto del sistema arquitectónico — 77

La dinámica de las prácticas sociales — 78

II.4 La biosemiotica — 82

II.5 El diseño arquitectónico como un proceso de selección natural — 86

Memes y genes — 86

II.6 Tradición y *patterns* en arquitectura — 90

La ruptura del orden y con el hombre del movimiento moderno — 93
Las pautas de la arquitectura natural — 95

II.7 Complejidad en arquitectura y termodinámica — 97

Temperatura arquitectónica — 98

| III | | Hombre y biosfera | 111 |

III.1 El hombre en la biosfera — 113
La explotación de recursos, la polución y las perturbaciones — 113

		Efectos de los impactos medioambientales sobre el ecosistema	116
	III.2	La ciudad como ecosistema	117
		Información y ecosistema urbano	119
	III.3	La problematica ambiental urbana	122
		La sociedad es urbana	122
		Niveles de análisis de la ciudad con relación al medio ambiente	125
		El medio ambiente urbano y la planificación	127
		Un modelo para el diseño de programas de gestión ambiental en la ciudad	129
IV	Arquitectura y urbanismo sostenibles		133
	IV.1	La cultura de la sostenibilidad	135
	IV.2	Sostenibilidad en arquitectura y urbanismo	137
	IV.3	Elementos para un urbanismo sostenible	141
		El libro verde sobre el medio ambiente urbano	143
		Modelos ecológicos de renovación urbana: el caso del distrito de Vestebro (Copenhagen)	147
	IV.4	Indicadores de sostenibilidad del medio ambiente urbano	151
	IV.5	Elementos para una arquitectura sostenible	157
		Arquitectura y sociedad sostenible	157
		Hacia una práctica de la construcción sostenible	159
	IV.6	Diseño integrado para la sostenibilidad	164
	Bibliografía		167

Introducción

Introducción

Existe un acuerdo sobre el hecho de que las opciones seleccionadas en el diseño arquitectónico y urbanístico son trascendentes desde los puntos de vista ambiental, histórico, social y cultural puesto que la intervención profesional modifica la realidad preexistente y condiciona los estados futuros.

El arte de hacer una buena arquitectura o de planificar una ciudad bella y saludable deriva de la mayor o menor capacidad del arquitecto para integrar y armonizar adecuadamente una gran diversidad de conceptos, habilidades y valores de distinta naturaleza. Unos conceptos derivan de sus capacidades profesionales o técnicas y otros de su cultura, de su nivel de formación humanística y científica. También su compromiso social o los valores asociados con la política juegan un importante papel en la definición de la obra del arquitecto y en la planificación urbanística.

Estas tareas son trascendentes desde el punto de vista social y ambiental de forma que el arquitecto debe poder establecer un diálogo social y una interpretación ambiental de carácter Interdisciplinar que permita considerar todos los elementos que están implicados en la obra arquitectónica.

Consecuentemente, el arquitecto debe manejar ponderadamente este conjunto de aspectos. Se ha argumentado que la arquitectura de los últimos decenios ha perdido por el camino algunos de estos aspectos sociales, ambientales, históricos y formales para primar diseños basados en aspectos puramente estético-formales que presentan grandes agujeros respecto a la solidez conceptual y la utilidad de la obra arquitectónica.

La concreción del diseño arquitectónico y de la planificación urbanística, la determinación del qué y el para qué de la obra, derivan, pues, de la integración ponderada y equilibrada de distintos aspectos de origen disciplinar diverso, que limitan lo que es o no posible hacer a partir de un marco conceptual general aplicado a un contexto espacio-temporal concreto que moviliza, entre otros, aspectos sociológicos, históricos, psicológicos, antropológicos, demográficos, urbanísticos, históricos, legislativos, formales, políticos, económicos o estéticos, que se conjugan en las decisiones tomadas en el proyecto. La adecuada armonización de estas consideraciones permitiría entonces alcanzar la utilidad, la belleza y la solidez, que la obra arquitectónica persigue.

La gran especialización de los distintos campos del saber dificulta esta labor de integración del conocimiento por parte del arquitecto. Lo que se hace en este trabajo es proponer un marco conceptual basado en la teoría de sistemas, que permitiría la integración de los conocimientos deseables en la definición de la obra arquitectónica. La actual aproximación de las ciencias y de las humanidades a la teoría de sistemas para establecer marcos conceptuales integradores está en esta línea. La existencia de propiedades emergentes comunes en sistemas de distinta naturaleza, desde los organismos vivos hasta los sistemas sociales, permite realizar un análisis de la naturaleza y el significado de estas propiedades aplicadas al campo de la arquitectura. Propiedades como la complejidad, entropía, información y evolución de los sistemas son algunas de las más relevantes.

Los sistemas naturales y sociales existentes perduran porque son operativos, porque funcionan. Esta virtualidad funcional permite pensar que las obras humanas que consideran esta perspectiva sistémica con un análisis suficiente deberían ser más idóneas que otras basadas en perspectivas más restringidas. La consideración de la obra arquitectónica como un sistema permite considerar estos aspectos como indicadores de sus propiedades intrínsecas de acuerdo con el orden natural de sistemas de diverso nivel de organización y de complejidad. Algunas aportaciones recientes en el campo de la arquitectura se han venido produciendo en los últimos decenios y todo parece indicar que se seguirán produciendo en el futuro.

Esta perspectiva sistémica se revela hoy en día como una necesidad ya que permite aproximarnos al conocimiento de la realidad pero no a su conocimiento completo. La filosofía del conocimiento ha establecido que es imposible conseguir el conocimiento absoluto de la realidad. El conocimiento es siempre relativo puesto que depende de la perspectiva que utiliza cada observador. Diferentes perspectivas permiten observar distintos aspectos de una realidad. Ésta no depende de las representaciones que haga el observador ya que la realidad es cierta en sí misma puesto que la razón y la lógica son instrumentos que no pueden modificarla. Algunos arquitectos parecen intentar mostrar todo lo contrario creando espacios alejados de lo que la gente entiende que ha de ser un lugar para vivir o habitar según su propia perspectiva.

Desde este punto de vista relativista, cada idea o descripción de la realidad es válida en el contexto que es formulada. Esto no significa que todas las ideas tengan la misma validez. Una idea o la descripción de una realidad es menos incompleta si es válida para un amplio espectro de contextos u observadores. Nunca conseguirá ser completa porque la verdad absoluta no puede ser obtenida. Pero esto no significa que no podamos aproximarnos lo máximo posible a esa realidad objetiva que existe por sí misma, de forma independiente de los observadores. Esta formulación relativista que distingue la realidad absoluta de la relativa se ha venido defendiendo desde hace tiempo en la estética y la ética. También ha impregnado el conocimiento determinista de la ciencia relativizando las ilusiones ciegas a la ciencia empírica y la tecnología. Esta reflexión permite postular que en cualquier campo de conocimiento o actividad es necesaria la convergencia de perspectivas. De aquí que la preocupación del arquitecto y del urbanista deba ser establecer un marco en el que las diversas interpretaciones y aspectos de la realidad tengan una cabida y sean consideradas para resolver el proyecto.

Consideramos, pues, que determinados conocimientos de las ciencias naturales y sociales pueden apoyar y enriquecer este necesario marco conceptual. De un lado, determinadas ideas intuitivas del arquitecto pueden tener una base formal en la ciencia, porque los aspectos a resolver resultan ser un caso particular de fenómenos generales que se dan en otros niveles. Cuando un arquitecto busca, por ejemplo, la mejor solución para optimizar la utilización de un espacio comunitario y evitar las interacciones no deseables entre diversos tipos de usuarios, está aplicando seguramente su intuición y el sentido común. Sin infravalorar esta intuición práctica, las decisiones pueden también argumentarse en algunos fenómenos parecidos que se producen en el mundo físico y natural. Determinadas regularidades observadas por los ecólogos cuando descubren las relaciones de competencia entre especies por un mismo recurso, por el alimento o el espacio por ejemplo, pueden guiar al arquitecto porque el fenómeno de la competencia presenta una base ecológica que se produce también en los sistemas sociales. El mayor desarrollo del conocimiento de los sistemas naturales derivados de la teoría ecológica constituye un referente que se ha utilizado en este texto para explicar la naturaleza de los sistemas debido a un incipiente desarrollo de la teoría de sistemas aplicada a los sistemas sociales y a la ausencia de un acuerdo generalizado en estas áreas del conocimiento.

Las ciencias del medio ambiente en general y la ecología o incluso la física o las matemáticas permiten, al arquitecto, enriquecer este marco conceptual al que nos venimos refiriendo. Las pautas que nos ofrecen los sistemas, el caos determinista o los conceptos de entropía y complejidad son formalizaciones científicas que están teniendo y tendrán una proyección o utilidad en la arquitectura del futuro tanto desde el punto de vista técnico como estético. Con esto no se está defendiendo una posición positivista y determinista, de fe ciega en la ciencia que ha de resolverlo todo, sino que se propone una mayor obertura conceptual de forma que el arquitecto observe el mundo con una perspectiva distinta que la que resulta desde el fondo de su cueva profesional. También hay que decir, sin embargo, que la aplicación unívoca de conceptos deterministas da lugar a los monstruos de la razón. Considérense al respecto los resultados de la aplicación, en sentido restringido, de la planificación funcionalista derivada del CIAM que se formuló en la Carta de Atenas a mediados del siglo pasado.

En las siguientes páginas se analizan algunos conceptos, básicamente derivados de la teoría general de sistemas, de la biología, de la ecología y de las ciencias del medio ambiente en general, que son susceptibles de aplicación en los campos de la arquitectura y el urbanismo. De hecho, algunos conceptos relacionados con la ecología y la teoría de la información ya se están aplicando hoy en día en la planificación urbana, como es el caso del concepto de diversidad. Así, el aumento de la diversidad en el espacio urbano se concreta a través de la potenciación de la mixticidad de usos, estableciendo pautas en el paisaje urbano dirigidas a la heterogeneidad perceptiva o mediante un ordenamiento que facilite la convivencia de distintos grupos sociales en un mismo espacio para potenciar la multiculturalidad. Esta tendencia hacia el aumento de la diversidad, formalizada en estos términos, se viene utilizando en el urbanismo actual en algunas ciudades ya que los altos niveles de diversidad permiten mantener o recuperar la funcionalidad del espacio urbano, su tradición histórica y cultural, la calidad de vida de sus habitantes, la integración social así como mantener y potenciar el comercio y la economía de la ciudad. Este concepto general de diseño tiene su expresión en los ecosistemas naturales que, en su momento de mayor madurez y estabilidad, presentan unos índices de diversidad elevados si se compara con estadios anteriores de la evolución del ecosistema.

El concepto de desarrollo sostenible y sus implicaciones prácticas se están incorporando progresivamente en diversos campos de la actividad humana. La arquitectura, si aún no tiene asumido su interés, lo hará en el futuro. En este sentido se justifica en este texto el concepto de desarrollo sostenible y se analizan algunas implicaciones y tendencias del mismo en la arquitectura y el urbanismo. También se consideraran los modelos de gestión ambiental del proyecto arquitectónico que derivan de modelos que se están aplicando en el mundo productivo, como son los sistemas de gestión medioambiental, aspectos que hacen pensar sobre la necesidad de una mayor integración vertical de la arquitectura con la planificación y construcción desde el proyecto. Estos aspectos de gestión ambiental son eminentemente prácticos y hacen referencia más al cómo hacer bien las cosas desde un punto de vista medioambiental que a los aspectos fundamentales del qué y el por qué.

Estos modelos pragmáticos resultan de un momento histórico en el que diversos campos de la actividad humana como el de la producción y el consumo, por exigencias de tipo normativo y para su propia eficiencia, están mutando a prácticas que produzcan un menor impacto ambiental. Estos aspectos son eminentemente técnicos y deben considerarse en el proyecto. Sin embargo, lo realmente importante en el proceso de diseño no es, por ejemplo, saber cómo se instala un sistema de energía alternativa o de ahorro del consumo de agua en un edificio sino decidir por qué es importante instalarlo. El cómo hacerlo es un aspecto secundario ya que se trata de un problema técnico que tiene una solución más o menos difícil, más barata o más costosa. Una arquitectura que podríamos denominar ecológica debe considerar tanto los aspectos técnicos como los conceptuales, ya que los conceptuales, de hecho, justifican la existencia de las aplicaciones tecnológicas concretas.

I Los Sistemas y sus propiedades emergentes

I.1 El Concepto de Sistema

De entre los avances del conocimiento humano que se han producido en los últimos cincuenta años, el relativo a la concepción sistémica del mundo material es muy probablemente uno de los de mayor trascendencia. A lo largo de la historia del conocimiento científico las ideas sobre la naturaleza de la materia y sobre la posición del hombre en el cosmos han ido sufriendo sucesivas revoluciones copernicanas de descentración, relativización y asimilación en teorías convergentes. Los desarrollos de la teoría general de sistemas aplicada a diferentes contextos disciplinarios está permitiendo comprender el mundo y al hombre utilizando unas bases comunes de carácter interdisciplinar, acomodando una buena parte de anteriores interpretaciones que partían de marcos teóricos más restringidos.

A finales de los años sesenta Ludwig von Bertalanffy publicó un conocido ensayo titulado *Teoría general de sistemas. Fundamentos, desarrollo, aplicaciones* [1] en el que exponía, con una gran capacidad de anticipación, la trascendencia de esta teoría en los distintos campos del conocimiento. Remarcó las dificultades con las que se encontraban la biología, la psicología, la sociología o la economía para explicar los fenómenos y su evolución con el paso del tiempo.

El momento en que escribió este ensayo, las diferentes disciplinas vivían un idilio de desarrollo un tanto endogámico basado en el positivismo dominante en la época según el cual el desarrollo del conocimiento es posible a partir de la especialización. Esta posición matemático-positivista de naturaleza reduccionista tiene sus raíces en el método resolutivo de Galileo y el método científico de Descartes. Según estos puntos de vista, la resolución de un problema es posible a partir de la fragmentación del todo en sus partes y del análisis pormenorizado de las mismas. Esta posición analítica ha sido la predominante en la ciencia durante toda la edad moderna y parte de la contemporánea, y fundamenta la especialización disciplinaria.

La limitación de esta perspectiva se hizo evidente en distintos campos como el de la biología. Se hizo necesario recuperar una visión general de los fenómenos naturales para interpretar la realidad, puesto que la resolución pormenorizada presentaba ciertas dificultades para explicarlos. Una lectura general de los fenómenos muestra que el todo es más que la suma de sus partes. Esta máxima fue ya planteada por Aristóteles como una primera formulación holística del orden cósmico. A mediados del siglo pasado fueron apareciendo distintos planteamientos que contradecían el posicionamiento reduccionista y que abonaron el terreno para la formulación de la teoría general de sistemas: el desarrollo de la biología organísmica de Bertalanffy, la Gestalt en psicología, la cibernética de Wiener, la teoría de la información de Shannon o el conjunto de otras teorías relacionadas con éstas, como la teoría de los autómatas, la teoría de control, las teorías de conjuntos, grafos y redes, las matemáticas relacionales o las teorías del juego y de la simulación[2]. Hoy en día la teoría general de sistemas se encuentra reconocida en los distintos campos del conocimiento y se está desarrollando en las distintas disciplinas, desde las ciencias puras a las humanas.

Bertalanffy afirmó que la mayor parte de las ciencias naturales y humanas tratan con sistemas complejos en los que el análisis estrictamente disciplinar es insuficiente para interpretar la dinámica interna y la evolución de estos sistemas. Algunos logros en determinadas disciplinas apuntaban en la dirección de la existencia de propiedades generales que se repetían en distintos sistemas, de forma que estas propiedades presentaban una validez heurística. Bertalanffy desveló, sobre la base de una primeras constataciones de la biología por ejemplo, que los sistemas de diferente naturaleza presentan un conjunto de propiedades comunes de tipo estructural y funcional. Estas propiedades generales son precisamente el objeto de estudio de la teoría general de sistemas.

Los isomorfismos estructurales son patentes entre distintos tipos de sistemas. En todos los casos se reconocen una serie de elementos de apariencia bien distinta pero que tienen la propiedad común de presentar unas pautas de relaciones de dependencia, como circuitos estables de relaciones, que se repiten en distintos tipos de sistemas. Según la teoría general de sistemas, la naturaleza de estas relaciones explica el funcionamiento y la dinámica del sistema como un todo.

Para desarrollar el concepto de sistema puede ser de interés exponer algunas propiedades fundamentales de los sistemas en forma de enunciados simples. Sin embargo, la generalización de estos principios a todos los sistemas debe relativizarse ya que se ha tomado un modelo de sistema dinámico abierto como referente. En otros sistemas algunas de estas propiedades no son totalmente aplicables o precisan de otra interpretación.

a. El todo es más que la suma de sus partes

A menudo se ha definido el sistema como un grupo de partes interactuantes que funcionan como un todo que es distinguible de su entorno mediante unos límites reconocibles. El funcionamiento de un sistema depende de la manera como están relacionadas, sus partes de forma que si alguna parte es añadida, suprimida o modificada cabe esperar que el funcionamiento del sistema sea diferente.

Dos objetos que presenten tan solo una relación entre ellos constituyen ya un sistema. Una bola en movimiento colgada de un hilo fijado en un techo es un sistema simple de naturaleza física que presenta una serie de propiedades funcionales características como un movimiento, una velocidad angular o un periodo. Generalmente los sistemas más corrientes contienen un conjunto de elementos de igual o distinta naturaleza material como átomos, objetos, células, organismos, personas, grupos sociales o instituciones, o también de naturaleza inmaterial, como conceptos o símbolos.

El número y las características de los elementos constitutivos del sistema nos informan sobre su dimensión espacial y temporal, de su sencillez o de su complejidad. Los sistemas pueden contener elementos relacionados de distintas clases o de distinta naturaleza.

b. Las partes de un sistema se relacionan entre sí

La mayor parte de los sistemas no son homogéneos sino que presentan una asimetría funcional, espacial e incluso una asimetría temporal. En los sistemas se pueden reconocer subsistemas que presentan una relativa autonomía respecto al resto debido a la existencia de relaciones muy estrechas entre sus elementos y más laxas con los elementos del resto del sistema. Así, por ejemplo, un organismo presenta determinados subsistemas como son sus células: cada célula es un subsistema un funcionamiento bastante autónomo pero no desligado completamente del sistema que lo contiene.

c. En los sistemas se pueden reconocer diferentes niveles de organización

La definición de las propiedades de los elementos del sistema depende de los objetivos que el investigador se plantee para explicar su funcionamiento. Así, es posible ignorar ciertos niveles jerárquicos del sistema o subsistemas porque no son trascendentes. Por ejemplo, no es necesario considerar cómo es el metabolismo de los glúcidos del gerente de una empresa ni si prefiere el té o el café si lo que se quiere es describir el sistema de relaciones establecidas en la empresa para explicar los resultados económicos de su gestión. La experiencia del investigador da lugar a la elección de los elementos que son significativos en un campo semántico adecuado. Asimismo, el investigador escogerá determinadas relaciones establecidas sobre otras: aquellas que son importantes para resolver el problema que pretende estudiar.

d. Las relaciones entre los elementos son de distinta naturaleza

El número y tipo de relaciones entre los elementos del sistema son diferentes de un sistema a otro. Las relaciones pueden ser de causalidad, de reciprocidad mutua o de *feed-back*, pueden ser dependientes de la proximidad espacial y temporal, y pueden implicar o no a dos o más elementos de igual o distinta naturaleza material. El estudio de determinados circuitos de relaciones entre elementos da lugar a la emergencia de propiedades no determinables en un primer nivel de análisis. Además, las relaciones suelen cambiar con el tiempo, lo que produce la evolución del sistema.

e. La organización de un sistema se manifiesta en su estructura

Los sistemas presentan dos atributos fundamentales, una organización y una estructura. Por organización del sistema se entiende el conjunto de relaciones entre los componentes o partes del sistema que le confieren una identidad y unidad funcional. Nociones como diferenciación, orden jerárquico, dominancia, control o competencia intervienen en la organización interna de un sistema. La organización se puede entender como el corazón del sistema, en tanto que los cambios dinámicos que ocurren a lo largo del tiempo no modifican las relaciones fundamentales que le confieren su funcionalidad o sus resultados. Por estructura entenderemos la manifestación material en el espacio y en el tiempo de los componentes que están implicados en el funcionamiento y la organización del sistema. Un sistema puede modificar su estructura cambiando uno o más elementos por otros sin perder su identidad siempre que se mantenga su funcionalidad. En el caso de un sistema como las máquinas, éstas pueden ser construidas con distintos tipos de elementos y configuraciones para obtener un mismo resultado. Es decir, pueden existir diferentes estructuras para un mismo tipo funcional de sistema.

La manifestación espacial de las relaciones entre los elementos es más o menos homogénea o asimétrica en función de lo complejo que sea el sistema. La distribución interna de sus partes sobre la base de las relaciones establecidas entre sus elementos determina la estructura del sistema. Esta estructura es cambiante en función de cómo evolucionan las relaciones internas del sistema.

f. El sistema se relaciona con su entorno

El sistema como un todo no se encuentra aislado sino que está inmerso en un entorno que presenta unas propiedades que definen las condiciones del contorno del sistema. El entorno del sistema puede ser descrito asimismo como un nuevo sistema que presenta unas influencias sobre el sistema que contiene. Tanto el medio ambiente del sistema como el sistema en sí se condicionan mutuamente como si se tratara de un proceso dialéctico.

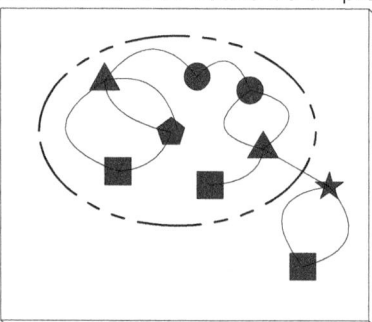

Figura1: Un sistema puede ser representado gráficamente como un conjunto de elementos de distintos tipos que presentan relaciones específicas de naturaleza asimétrica en las distintas partes del sistema. El sistema presenta, además, relaciones con su entorno.

g. Los sistemas evolucionan en el tiempo

Las relaciones entre los elementos del sistema son a menudo temporales y presentan cambios en el tipo y en el número, con lo que recondicionan su estructura en cada momento. Así, por ejemplo, el crecimiento de distintos tipos de poblaciones desde las bacterias hasta la especie humana o también el número de publicaciones posibles en un campo disciplinario novedoso es inicialmente exponencial y se reduce luego hasta ciertos límites, determinados por un conjunto de factores (de alimento, espacio disponible, recursos, lectores potenciales,...). La comparación de los modelos matemáticos en cada tipo de sistema muestra un crecimiento inicial de tipo exponencial y una reducción progresiva que acaba en una estabilización del crecimiento. La representación gráfica de una de las características del sistema (número de individuos, de revistas publicadas,...) con relación al tiempo muestra una curva de tipo logístico que responde a una función matemática conocida. En estos casos emerge un modelo matemático interpretativo apto para los distintos sistemas, que presentan una formulación matemática similar y que ejemplifica cómo una propiedad del sistema cambia a medida que pasa el tiempo.

Equación de Verhulst-Pearl	dN/dt = incremento del número de individuos en un tiempo t
	r = tasa de crecimiento de la población (idealmente un valor fijo)
	N = número inicial de individuos en cada momento
$dN/dt = r.N.(K-N)/K$	K = capacidad de carga del medio (número máximo de individuos en unas condiciones ambientales dadas)
	$(K-N)/K$ factor que varía de 1 a 0 en función del número de individuos existente en cada momento.

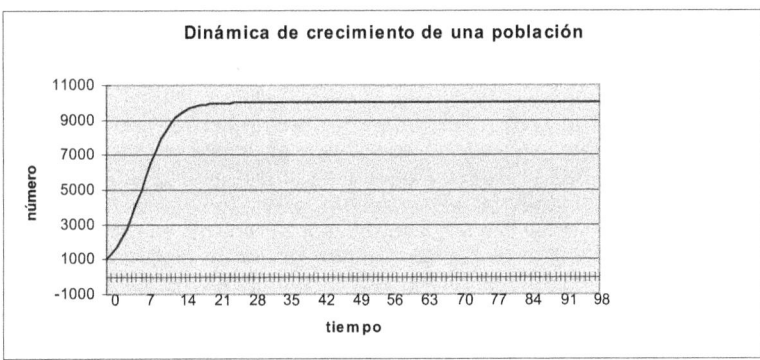

Figura 2: Dinàmica de crecimiento de una población

> Si se consideran los dos primeros factores de la ecuación se deduce que incialmente el crecimiento de las poblaciones es exponencial (dN/dt = r · N) de forma que la velocidad de crecimiento depende del potencial biótico o reproductivo de la especie considerada y del número inicial de individuos al inicio del periodo de tiempo considerado.
> Si se valora que en realidad el crecimiento está limitado por los recursos del ambiente físico-químico (espacio disponible) y biológico (alimento) de la población se explica que la curva presente un punto de inflexión que muestra un retardo en la velocidad de crecimiento. Por ello, el tercer factor de la ecuación (K-N)/K presenta valores que oscilan entre 0 y 1. Si N, el número de individuos preexistente en ese momento, se acerca a K, entonces el factor tiene un valor próximo a 0 con lo cual no se produce crecimiento. En las fases iniciales el factor se acerca a 1 con lo cual nos acercamos al crecimiento exponencial. En realidad este modelo es una idealización puesto que ni la tasa de crecimiento r ni el valor de K son constantes ya depende de las condiciones del entorno. El resultado final es una curva en forma de S conocida como curva logística.

h. Algunos sistemas presentan analogías que permiten clasificarlos en una misma categoría.

La existencia de circuitos de relaciones en distintos sistemas que siguen una misma pauta y presentan unos parecidos resultados funcionales permite asociar estos sistemas a una misma categoría independientemente de la naturaleza física de los mismos. Las analogías pueden descubrirse en sistemas tan distintos como el de regulación de los precios del mercado en función de la oferta y la demanda o el sistema de regulación de la temperatura de una habitación por un termostato. Estos dos ejemplos son casos de sistemas de naturaleza bien distinta pero que presentan, en abstracto, un funcionamiento análogo y, por lo tanto, asociables a un mismo modelo de relaciones.

Sistemas lineales y no lineales. Modelos

El comportamiento de los sistemas reales se intenta explicar con el uso de modelos basados en principios o teorías científicas reconocidas. Los modelos son constructos teóricos que simplifican la realidad, aspecto que se debe tener en cuenta cuando se estudian sistemas reales. Por razones prácticas, en los modelos se utilizan interpretaciones reduccionistas que simplifican una propiedad compleja de la realidad (temperatura media de un cuerpo, estado de gas ideal, masa puntual, etc.). Por otro lado, los modelos derivan de teorías o principios científicos y significan una aproximación, adaptación o simplificación de estas teorías y principios. Por tanto, un modelo se encuentra a mitad del camino entre la teoría científica y la realidad.

La cantidad y tipo de relaciones entre las partes o elementos son variables de unos sistemas a otros. Algunos presentan elementos fijos o predeterminados, como es el caso de las máquinas. Estos sistemas tienen una naturaleza determinista y pueden establecerse modelos matemáticos que mediante sistemas de ecuaciones expliquen su funcionamiento. En el extremo opuesto encontramos los sistemas de naturaleza estocástica, que presentan elementos o partes con conexiones débiles o fugaces, como es el caso de un sistema formado por un gas confinado en un recipiente. Estos sistemas también pueden modelizarse utilizando la estadística y la termodinámica. Los sistemas naturales y sociales pertenecen a un grupo intermedio en el que se combinan partes o elementos más o menos fijos con otros, cambiantes. En la mayoría de casos se trata de sistemas muy complejos, de aquí que se resistan a ser descritos mediante formulaciones matemáticas sencillas. Los sistemas complejos pueden manifestarse en los distintos niveles de organización de la materia y evolucionan en el tiempo.

Los sistemas simples basados en principios físicos bien conocidos no presentan excesivas dificultades para ser modelizados aunque esta tarea, como se ha dicho, siempre signifique una cierta simplificación de la realidad y una adaptación de los principios científicos al contexto concreto. Así, por ejemplo, se puede establecer un modelo que describa los vectores de fuerza implicados en los mecanismos de una bicicleta y su resultante o predecir la velocidad media o la presión que ejercen las moléculas de un gas que se calienta en un recipiente.

En los sistemas simples se pueden reconocer relaciones causa-efecto. La velocidad de una bicicleta depende de la fuerza que se aplique a los pedales, la temperatura de una casa en invierno depende de la cantidad de energía consumida para calentarla o la renta obtenida depende del capital depositado en un banco y del interés fijo prometido. De forma esquemática, en estos sistemas la entrada (*input*) es la variable independiente que controla la salida (*output*) o variable dependiente según una función de proporcionalidad que relaciona las dos variables. Un aumento o disminución en el valor de la entrada produce un aumento o disminución proporcional en la salida. En este caso, se dice que las dos variables presentan una proporcionalidad directa. En otros un aumento en la entrada produce una disminución en la salida, entonces presentan una proporcionalidad inversa. De estos comentarios se deduce que una de las propiedades de los sistemas lineales es la proporcionalidad.

En sistemas simples algo más sofisticados intervienen distintas variables que dan lugar a respuestas menos obvias. La renta obtenida por un capital depositado en un banco no depende tan sólo de la cantidad de dinero invertido sino también del tipo de interés y del tiempo. Sabemos que al calentar un recipiente con agua la temperatura que se obtiene depende directamente de la cantidad de calor aportada e inversamente, de la cantidad de líquido que se tenga que calentar. La existencia de distintas variables no impide saber cómo se comportará el sistema puesto que se puede diseccionar en un conjunto de ecuaciones, una para cada variable, que relacionan esta variable con todas las demás. De aquí se deduce una segunda propiedad de los sistemas lineales, la superposición de variables. Un sistema que presenta n variables interdependientes se dice que tiene dimensión n. Se dice que los sistemas de dimensión pequeños son sistemas simples, mientras que los de dimensión n grandes son sistemas complejos.

En los sistemas de dinámica lineal se pueden establecer modelos matemáticos que, mediante una ecuación o un sistema de ecuaciones, describen el comportamiento del sistema con el paso del tiempo. Estos modelos permiten, realizar predicciones del comportamiento del sistema en el futuro, conocidas las relaciones matemáticas existentes de las variables que intervienen. Muchos procesos productivos y máquinas son sistemas de dinámica lineal. La mayoría de modelos que explican el comportamiento de la materia en un mundo físico-químico están basados en ecuaciones lineales. En algunos de estos sistemas, por ejemplo en las máquinas y los sistemas productivos, es posible ejercer un control estableciendo determinadas condiciones para las variables que intervienen.

Estos comentarios tan meridianos han sido necesarios para poder introducir el concepto de sistema de dinámica no lineal. En estos sistemas la relación entre variables se describe, de ser posible, mediante ecuaciones no lineales (exponenciales, logarítmicas o de otros tipos más complicadas). En estos sistemas no son aplicables los principios de proporcionalidad y de superposición vistos para los sistemas de dinámica lineal. No cumplen el principio de proporcionalidad porque un pequeño incremento del valor de entrada en el sistema puede dar lugar a una salida muy drástica y a veces de valor imprevisible, incluso de naturaleza caótica. Tampoco es aplicable el principio de superposición porque no es posible seguir la estrategia determinista de dividir el sistema en sus partes para establecer las funciones que relacionan las variables que están en juego. Los sistemas de dinámica no lineal están compuestos por distintos elementos, partes o subsistemas que interactúan de una forma compleja y asimétrica. El comportamiento de las redes neuronales del cerebro o la dinámica del crecimiento de una población natural son típicos prototipos de sistemas de dinámica no lineal. Éstos presentaban propiedades específicas como son la capacidad de autoorganización, la ocurrencia de cambios bruscos en el sistema, la formación de ondas periódicas en la respuesta de pares de variables y, en algunos sistemas, comportamientos caóticos imprevisibles.

La construcción de modelos de sistemas reales de tipo complejo es una tarea complicada porque existen no pocas dificultades instrumentales. Uno de los problemas es identificar los límites del sistema, qué es lo que se incluye en el modelo y lo que no. Los sistemas reales son a menudo sistemas abiertos que presentan intercambios con el exterior. Factores que en principio pueden considerarse externos pueden tener una gran influencia en el sistema en un momento determinado. Otra dificultad deriva del desconocimiento que se tiene de la historia del sistema, lo que condiciona asimismo su modelización. Y, por último, muchos sistemas reales son poco conocidos puesto que el conocimiento teórico es aún insuficiente, lo que tiene consecuencias para identificar las relaciones existentes en el interior del sistema. En la práctica los sistemas reales se toman como sistemas cerrados y se simplifican lo necesario para que puedan ser modelados reduciendo el sistema a un número de dimensiones manejable. Esta táctica ha tenido un cierto éxito para modelar el comportamiento dinámico de algunos sistemas reales.

Sistemas simples y complejos

Los sistemas pueden clasificarse atendiendo a diversos criterios. Uno de ellos es el nivel de apertura del sistema. En este sentido los sistemas pueden clasificarse en sistemas abiertos y cerrados. Los sistemas cerrados no presentan ningún intercambio con el entorno. La mayor parte de los sistemas físicos y naturales son, sin embargo, sistemas abiertos ya que presentan intercambios de materia y energía con su entorno. Se ha de decir que los intercambios de materia pueden considerarse equivalentes a los intercambios de energía puesto que se puede considerar la materia como una forma de energía interna acumulada en un soporte material como, por ejemplo, la energía de enlace químico de la materia.

Otra forma de clasificar los sistemas consiste en diferenciarlos entre sistemas simples y complejos. Los sistemas complejos se pueden encontrar en los distintos niveles de organización biológica, desde los sistemas bioquímicos de las células hasta la biosfera en su conjunto. También es posible descubrirlos en sistemas no biológicos como la hidrosfera, en la atmósfera o en los distintos niveles de sistemas geológicos y también en las organizaciones sociales. En todos los casos se trata de sistemas abiertos con entradas y salidas de materia y energía y que presentan dinámicas no lineales. Estos sistemas a menudo se encuentran incluidos en sistemas más amplios o generales, como si se tratara de un juego de cajas chinas no idénticas.

En los sistemas se reconocen relaciones entre los elementos a modo de circuitos reguladores. Uno de los más frecuentes es el circuito cibernético de retroalimentación o de *feed-back* negativo. En este circuito el estado de un elemento modifica el comportamiento de un segundo y el estado del segundo modifica el comportamiento del primero. Un ejemplo de este mecanismo regulador puede evidenciarse en el comportamiento de los precios según la oferta y la demanda en el mercado o las relaciones entre el promotor y el arquitecto en la concreción del proyecto. En un sistema se pueden descubrir una gran variedad de circuitos que implican a más de dos elementos. El resultado de este conjunto de relaciones es el que confiere la funcionalidad del sistema como un todo, resultado que no es posible obtener a partir de una parte aislada del sistema.

Los sistemas muestran comportamientos que derivan de su configuración pero, además, presentan una serie de propiedades no estrictamente funcionales. Se trata de una serie de características emergentes de alto nivel que no están asociadas específicamente a ninguna de las partes y que resultan del conjunto del sistema[3]. De entre estas propiedades emergentes se destacarán más adelante las referidas a la complejidad, la entropía, la información y la evolución de los sistemas.

I.2   Complejidad

Los sistemas físicos simples se caracterizan por el hecho de que el estado de una parte es independiente de otra. Una molécula en el seno de un gas encerrado presenta una posición y velocidad independiente del resto de moléculas. Aquí el azar y la entropía o desorden rigen el sistema y se puede describir el modelo del sistema estadísticamente. Por el contrario, un cristal donde las moléculas tienen una posición fija que deriva del establecimiento de enlaces químicos presenta un alto estado de orden pero no es complejo puesto que no es heterogéneo y es fácil establecer un modelo que describa el sistema. La propiedad de simetría del cristal permite describir una parte a partir de otra. En el caso del gas encerrado también se produce simetría puesto que en cualquier parte del sistema las medias de velocidades de las moléculas o la energía cinética de éstas son estadísticamente iguales que en otras partes.

La complejidad de un sistema está relacionada con el número de elementos que contiene y con el número de relaciones establecidas entre estos elementos. La complejidad también depende de la propia complejidad de sus elementos así como de la complejidad de las interacciones establecidas entre ellos, dependiendo del carácter lineal o no lineal de estas interacciones. La mayor parte de sistemas naturales y sociales son sistemas complejos. Cuantas más partes se distingan en el sistema más complicado será el modelo que sea capaz de describir el sistema y más esfuerzos serán necesarios para llegar a caracterizarlo. Edmonds (1996)[4] afirma que la complejidad necesariamente depende del lenguaje usado para modelar el sistema.

De aquí que la complejidad de los sistemas reales no permita el establecimiento de modelos precisos que tengan una capacidad predictiva. Los modelos de sistemas económicos, por ejemplo, permiten describir a grandes rasgos las tendencias y factores implicados en la economía sin llegar a determinar en qué momento se debe hacer una inversión y cuánto se ganará con ella. Estas imprecisiones no deben hacer desestimar la conveniencia de desarrollar estos modelos ya que, aunque imperfectos desde el punto de vista predictivo, presentan una utilidad explicativa o descriptiva de la realidad, expresando tendencias sin resolver con precisión situaciones determinadas. Por otro lado, la formulación matemática de los sistemas no es el único tipo de formulación posible puesto que se pueden usar otros instrumentos de explicación y de predicción como la teoría de la información, la cibernética, y los modelos estocásticos entre otros.

PROPIEDADES	Sistemas simples termodinámicos	Sistemas complejos autoorganizados
equilibrio termodinámico	tienden a un estado estacionario (el de máxima entropía)	se mantienen alejados del equilibrio termodinámico (a un nivel de baja entropía)
fluctuaciones	poco amplias	amplias
estabilidad	alta	alta pero examinada constantemente
efecto de las perturbaciones (entradas de energía)	más desorden (más entropía)	desestructuración inicial y más orden posterior (mediante segregación de entropía al entorno) (*)

Tabla 1: Algunas propiedades de los sistemas simples y complejos. Los sistemas complejos siguen el sistema siempre que la cantidad de energía entrada no sea superior a la energía empleada en la relación de los elementos internos del mismo.

Se ha dicho que la complejidad de los sistemas se encuentra en algún punto entre la entropía absoluta y el orden perfecto, entre el orden y el desorden. Además se caracterizan por que en éstos se produce una rotura de la simetría puesto que el conocimiento de una parte no permite decir cómo serán las restantes.

Los sistemas complejos son, además, entes de naturaleza dinámica. La complejidad de un sistema no es estática ya que determinados procesos internos van alterando la complejidad en el tiempo. Los procesos que se producen en el sistema pueden dar lugar a una mayor diferenciación de sus partes o, por el contrario, a su integración siempre que se incrementen el número de relaciones entre estas partes. La complejidad funcional es el resultado de procesos de diferenciación e integración considerados en el transcurso del tiempo. Por otro lado, se dice que la complejidad estructural del sistema es el resultado de los cambios producidos por diferenciación o integración en las dimensiones del espacio tridimensional.

Otro aspecto que se debe tener en cuenta es la importancia de la escala espacial o temporal considerada en la determinación de la complejidad de un sistema. Un sistema, a una escala espacial dada, puede aparecer como complejo, pero esta complejidad desaparece aparentemente al aumentar la escala a la que es observado. Es por ello que las escalas espacial y temporal deben ser consideradas como una nueva dimensión equivalente a las tres dimensiones del espacio o al tiempo.

Se dice que un sistema presenta una complejidad estructural de tipo jerárquico si se aprecian distintas manifestaciones de la complejidad en diversas escalas de observación. El cuerpo humano considerado desde las moléculas, células, tejidos, órganos,... hasta como totalidad, muestra diferentes niveles de complejidad a las diferentes escalas y se produce una rotura de la simetría si se comparan entre ellas. Por el contrario, un fractal presenta la misma complejidad en las diferentes escalas espaciales a las que es observable ya que las pautas de su contorno, por ejemplo, se repiten sin producirse una rotura de la simetría a los distintos niveles.

De forma similar, se dice que un sistema presenta una complejidad funcional de tipo jerárquico si en las distintas escalas temporales consideradas presenta unas características funcionales diferentes con rotura de simetría; es decir, que su funcionalidad es cambiante en las distintas escalas temporales consideradas o simplemente, que la complejidad del sistema evoluciona en el tiempo. La sucesión de estados en un sistema complejo que ha presentado un aumento de su complejidad funcional en distintos periodos discretos de tiempo o fases manifestarán esta complejidad funcional jerarquizada.

En la modelización de un sistema es necesario establecer límites en los niveles de la estructura que sean significativos para su descripción. En muchos casos no tiene sentido describir la estructura del universo ni la de las partículas subatómicas para describir la complejidad de un sistema. Se dice que un nivel es de estructura cerrada si los niveles inferiores no son significativos para el modelo. Por ejemplo, en un edificio es indistinta la composición química del cemento a no ser que condicione alguna propiedad de los niveles de estructura superiores.

Niveles de jerarquía y escala de los sistemas complejos

En los sistemas complejos se pueden distinguir distintos niveles de estructura, organizados jerárquicamente. En un ecosistema, por ejemplo, podemos fijarnos en distintos niveles jerárquicos, como son las poblaciones tomadas individualmente, o bien estudiar otros niveles de estructura del ecosistema, como son el circuito establecido entre una presa y un depredador, la relación entre dos especies que compiten por una tercera especie presa, la comunidad biológica formada por las distintas poblaciones en interacción en la red trófica, o, finalmente, podemos fijarnos en el ecosistema como un todo, considerando la comunidad y los factores ambientales.

Para comprender cómo cambia un sistema a lo largo de la historia o descubrir la heterogeneidad de su estructura en el espacio se seleccionan respectivamente escalas temporales y espaciales adecuadas. En principio la escala espacial o temporal escogida es independiente del nivel o niveles jerárquicos del sistema que se pretendan estudiar. La extensión de la escala espacial viene limitada por las propias dimensiones del sistema. Por su lado, la escala temporal tiene sus límites en la persistencia del sistema en el tiempo.

Si bien las escalas y los niveles son en principio independientes, es cierto que para estudiar la evolución temporal de un determinado nivel será necesario tomar un tiempo de referencia adecuado para que sea observable su evolución. Una escala temporal amplia, de decenas de años, suele utilizarse para estudiar la sucesión de un ecosistema terrestre como un bosque.

En este caso, el nivel de referencia más utilizado es el ecosistema en su conjunto con relación a las condiciones de su contorno y se estudiará la evolución temporal de las propiedades generales del sistema como son las variaciones en la diversidad de especies, la biomasa del ecosistema o su productividad. La fijación de una escala temporal no determina que sólo sea posible estudiar este nivel general sino que se pueden seleccionar otros niveles de jerarquía para observar los cambios que se producen en el transcurso de tiempo. Para cada nivel jerárquico del sistema se producen cambios funcionales y estructurales a lo largo del tiempo.

En la escala espacial se podrán distinguir cambios estructurales y funcionales según el zum utilizado en cada nivel de organización. Para descubrir determinadas relaciones es necesario utilizar una escala adecuada. Por ejemplo es sabido que los grandes depredadores utilizan territorios amplios para alimentarse, de forma que una escala reducida del espacio no nos permitirá comprender adecuadamente de qué presas se alimenta.

Cada nivel de jerarquía del sistema no es independiente de los niveles superiores e inferiores ya que obviamente se producen relaciones o conexiones entre los distintos niveles. En un nivel superior se manifiestan propiedades emergentes que derivan en parte de los cambios autogénicos y del azar de los niveles inferiores, pero también de las condiciones del contorno que presente este nivel superior. El conocimiento microscópico de un nivel no permite deducir unívocamente las relaciones macroscópicas que se producen al nivel superior porque esta perspectiva microscópica no permite observar las condiciones del contorno de su nivel puesto que se expresan en los niveles superiores.

Es sabido que los niveles superiores de jerarquía ejercen un control sobre los niveles inferiores. Esta dependencia se manifiesta, desde luego, en la mayor parte de los sistemas sociales y naturales. Tomando un ejemplo de éstos últimos, en la dinámica de crecimiento de las poblaciones del plancton en el mar, la disponibilidad de nutrientes minerales es uno de los factores limitantes del crecimiento de la fracción vegetal del plancton, el fitoplancton. La disponibilidad de nutrientes depende, entre otros factores, de los movimientos verticales de las masas de agua profundas que se encuentran cargadas de nutrientes y que permiten así la reproducción del fitoplancton en la superficie. Estos movimientos ascendentes dependen de un nivel superior del ecosistema pelágico: de las condiciones meteorológicas de la atmósfera, ya que es necesario un enfriamiento suficiente de las masas de agua superiores para romper la estratificación de las aguas y permitir la mezcla vertical. En este caso, las condiciones del contorno de una parte del sistema, del fitoplancton, limitan la disponibilidad de nutrientes, aspecto que está controlado no por el fitoplancton sino por la dinámica de las masas de agua que, a su vez, depende de las condiciones meteorológicas.

En definitiva, un empeño constructivista que pretenda deducir el funcionamiento de un nivel o establecer un modelo desde dentro se hace imposible.

Por tanto, el estudio de un nivel de un sistema se puede abordar tomando un nivel jerárquico de referencia en dialéctica con los otros niveles del sistema.

Sistemas naturales como sistemas complejos

Si se toma el punto de vista según el cual un sistema está contenido en otro y así sucesivamente (siguiendo el modelo de las muñecas rusas) se pueden describir diferentes niveles de complejidad en función del nivel considerado. Los niveles inferiores son, en principio, los más simples y más predecibles, y los más externos, más complejos e impredecibles. Hemos visto que la predicción de los sistemas complejos es difícil. Tan sólo es posible describir la trayectoria siguiendo sus distintas fases a lo largo de su historia pasada, en los casos en los que esto sea posible.

Determinados sistemas, sin embargo, presentan la posibilidad de predicción de su desarrollo porque contienen una historia acumulada en información interna. Se trata de sistemas de desarrollo de los organismos vivos como por ejemplo el desarrollo celular, o el embrionario, pero también se dan en niveles más amplios como en los ecosistemas.

En el seguimiento de las fases de desarrollo de una célula o de un embrión se puede predecir bastante fielmente el futuro de estos sistemas porque la información interna del sistema (la información genética acumulada en el ADN como programa) se pone en juego y determina las bifurcaciones convenientes de los posibles metaestados. No se trata de sistemas deterministas porque el resultado no es siempre el mismo aunque las condiciones iniciales sean aparentemente iguales. El desarrollo del huevo fecundado hasta la rana adulta presenta un final distinto ya que no existe una rana exactamente igual a otra.

Por tanto, entre los sistemas naturales, podemos reconocer determinados tipos de sistemas que presentan un comportamiento (o un desarrollo) similar con una trayectoria de fases o metaestados reconocibles y predecibles a nivel macroscópico, que se encuentran regulados por una guía (ADN o también el entorno del sistema), que permite la recapitulación de trayectorias tipificadas. A este tipo de sistemas se les conoce como sistemas epigénicos o también epigenéticos.

Por lo que se refiere a los ecosistemas, el estudio macroscópico de la sucesión o de su desarrollo en el tiempo muestra que se producen ciertas tendencias generales que se repiten en un determinado nivel. Está claro que el desarrollo en el tiempo de un ecosistema no sigue una pauta tan rígida como la que se produce en el desarrollo embrionario, pero presenta determinadas tendencias que se repiten para el mismo tipo de ecosistema. En este sentido los estudios de la ecología con relación a la sucesión de los ecosistemas terrestres son reveladores. Aunque hay un debate interno sobre el concepto de sucesión en ecología, los ecólogos holistas, los interesados en describir la evolución macroscópica de las características de los ecosistemas[5], han observado la repetición de una serie de pautas que se dan en ecosistemas del mismo tipo.

Como entidades disipativas de la energía que exportan entropía al entorno, se observa que en un bosque, a medida que transcurre el tiempo, la relación entre la generación de desorden (la entropía exportada al entorno) y el orden acumulado internamente disminuye gradualmente hasta llegar a un metaestado en el que se minimiza la exportación de entropía para mantener un parecido estado de orden. Se trata de un metaestado que representa la maduración del sistema que perdura por bastante tiempo, sin que éste sea el final de su historia, ya que también se pueden producir estados posteriores de senescencia o regresiones a estados más juveniles (pero no idénticos que los anteriores). En otras palabras, los ecosistemas terrestres maduros mantienen un cierto orden interno más o menos estable que minimiza la exportación de entropía. En estos momentos, la tasa de renovación de la biomasa se alarga en el tiempo y la mayor parte de la energía entrante se invierte en respiración y en el mantenimiento de estructuras inertes (madera por ejemplo) que posibilitan el transporte vertical de materia desde el suelo a las copas de los árboles (cerrando el ciclo de la materia). Esta fase es termodinámicamente muy eficiente en tanto que para una misma entrada de energía se exporta un mínimo de entropía.

Las condiciones del entorno del sistema también pueden dar lugar al establecimiento de pautas como las que se producen en los bosques de clima templado, en los que la sucesión de las estaciones del año produce cambios cíclicos en el fenotipo de sus poblaciones vegetales y animales.

Estas pautas se han observado en diferentes ecosistemas de la misma naturaleza de forma que, al menos a nivel macroscópico, los ecosistemas son sistemas epigenéticos en tanto que repiten una trayectoria de fases o metaestados reconocibles y predecibles, que parecen seguir un programa establecido derivado de la información interna acumulada, o bien porque rigen determinadas condiciones establecidas desde el entorno del sistema, lo que permite la recapitulación de trayectorias tipificadas.

El sistema y su entorno como supersistema

Como ya se ha comentado los sistemas no son entes independientes sino que presentan una relación con sistemas de distinto orden jerárquico. Un ecosistema y su entorno pueden constituir una nueva entidad sistémica o supersistémica si se examinan las interacciones que se producen entre el ecosistema y su propio entorno. De igual manera puede hacerse a otros niveles, como el del individuo de una población con los individuos de su propia especie o de una población animal con otras poblaciones.

Está establecido que las bifurcaciones que dan lugar a metaestados alternativos del sistema dependen de las características del supersistema. Este efecto es conocido para las comunidades planctónicas del ecosistema pelágico ya que el estado de desarrollo del plancton depende de características generales del entorno, como son la turbulencia del agua o las características meteorológicas. También se produce menos frecuentemente el fenómeno inverso, es decir, que el supersistema sea modificado por las opciones que se producen en el sistema, y cambien así las condiciones del contorno del sistema.

Unas nuevas condiciones del contorno del sistema pueden dar lugar a la adquisición de otro metaestado por la elección de una nueva bifurcación, elección motivada por diferentes condiciones del contorno. Este cambio puede inducir un efecto en cascada que dé lugar a que la aparición de nuevas trayectorias. En estas circunstancias el supersistema se transforma en un nuevo sistema de mayor escala y el antiguo sistema debe ser considerado como un subsistema, puesto que se han establecido relaciones estables entre ambos niveles que dan lugar a una regulación mutua. Esta vinculación puede repetirse indefinidamente de forma que siempre existe un entorno del sistema que actúa como supersistema con un contorno modificable que acaba en relaciones de regulación mutua.

Esta forma de razonamiento estaría a favor de la hipótesis Gaia formulada por Lovelock en 1989, por la cual la Tierra en su conjunto constituiría el supersistema que interviene en la regulación de sistemas de otras escalas. Las condiciones de Gaia cuando se originó la vida en la Tierra y las condiciones actuales son muy diferentes, así como los estados de desarrollo de los sistemas han cambiado mucho en el continuo espacio-temporal. Si se admite esta forma de entender el mundo, los sistemas humanos (las ciudades, los sistemas culturales, económicos, profesionales, etc.) se encuentran en algún nivel de esta sucesión de niveles y, por tanto, para entender su desarrollo y funcionamiento tendremos que usar los principios que se han ido formulando.

Los sistemas autopoyéticos

Este tipo de sistema fue formulado por los neurobiólogos chilenos Maturana y Varela en los años setenta (Varela, 1974) como resultado del análisis formal y riguroso de los fundamentos de la vida, del funcionamiento de sistemas vivos como son las células o en los mecanismos circulares reguladores del metabolismo celular.

Estos sistemas se caracterizan porque sus componentes se generan continuamente y son autoproducidos. Los mecanismos que generan los componentes que hacen funcionar el sistema generan asimismo los componentes que los han producido. En otras palabras, son sistemas autoproductivos y autoorganizados, de forma que mantienen su organización.

Un sistema autopoyético funciona gracias a una red de procesos de producción (de transformación y destrucción) de componentes que a la vez producen sus propios componentes. El estudio de su estructura *per se* en un momento determinado no permite entenderlos porque estos sistemas presentan una red de relaciones causales que no pueden percibirse en un lugar del sistema ni en cualquier momento. Los elementos del sistema se regeneran continuamente, siguiendo un proceso continuo de transformación y destrucción como resultado de la actuación de esta red de procesos. Además, los componentes del sistema autopoyético se relacionan en un dominio topológico en el que la proximidad de los componentes es relevante para el funcionamiento del sistema, por lo que son sistemas que tienden a encerrarse en sí mismos.

Estos sistemas, si bien presentan un alto nivel de clausura, no están completamente cerrados ya que interaccionan con el ambiente. Los cambios ambientales que podrían comprometer la supervivencia del sistema son «observados» por el sistema de forma que internamente se produce una selección de procesos homeostáticos que tendrán como resultado la adecuación a esta nueva situación. Estos sistemas presentan entonces una gran cantidad de información acumulada que permite la selección de mecanismos adecuados para una adaptación a situaciones cambiantes.

El modelo de sistema autopoyético ha tenido diversas aplicaciones en distintos campos tecnológicos como la ingeniería del *software*, o la inteligencia artificial, y en diferentes ciencias humanas como los planteamientos de Niklas Luhmann con relación a los sistemas sociales, en la psicoterapia y en la psicología cognitiva. Estos autores han propuesto que el modelo de sistema autopoyético es aplicable también al campo de la cognición[6]. Como en el caso de los sistemas vivos, la cognición no puede ser descrita sólo a través de su estructura tal como se plantea en el paradigma cognitivo de naturaleza computacional, según el cual el pensamiento y las acciones son el resultado de un procesamiento lógico basado en algoritmos. La cognición no es la manipulación interna de información o señales externas como si se tratara de un ordenador. Desde la perspectiva de la autopoyesis, se entiende la cognición como un sistema localizado en el cuerpo individual capaz de discriminar los fenómenos y su contexto semántico como unidades globales y no como resultado de una serie de operaciones lógicas sucesivas. El lenguaje como forma de comunicación se entiende en este planteamiento como un todo, conformado no solo por las palabras y sus significados sino como un dominio semiótico con unos significados globales y amplios en el que se integran aspectos como la comunicación no verbal, las actitudes y otros aspectos de naturaleza ambiental que rodean el proceso de comunicación.

El sistema cognitivo autopoyético permite entonces seleccionar por inducción la mejor respuesta en cada situación con el objetivo de permitir la supervivencia del propio sistema cognitivo. Una red de procesos interno da lugar a la construcción y deconstrucción continua de conceptos que son relativizados en función de la propia percepción interesada del observador de la realidad. El conocimiento, es pues, el resultado de una interpretación interna que emerge desde nuestras capacidades para comprenderlo, que se encuentra enraizado en las estructuras de nuestro cuerpo biológico, y que es vivido y experimentado dentro del dominio del consenso en un contexto cultural de naturaleza histórica[7].

La tendencia hacia la complejidad en la evolución

De entre las teorías existentes con relación al origen de la vida en la Tierra, la más reconocida la describe como resultado de una evolución bioquímica de la materia orgánica (aminoácidos, ADN, etc.), originada a partir de la materia inorgánica (a partir de metano, amoníaco, agua, hidrógeno) que, en un proceso largo y complejo, y en determinadas condiciones ambientales (en aguas estancadas, en fuentes hidrotermales submarinas) dio lugar al final a la formación de una célula primigenia la cual, como muestra el registro fósil, era bastante parecida a las actuales bacterias.

A partir de esta primera célula, en el curso de la evolución se han generado todas las formas de vida que han proliferado en la Tierra en otros tiempos y las formas que han llegado hasta nuestros días. Se ha defendido también la posibilidad de un origen extraterrestre de la vida, teoría que, de ser cierta, no hace más que llevar más allá, en el espacio y en el tiempo, las hipótesis sobre los mecanismos implicados en el mismo origen de la vida pero en otro contexto desconocido.

Desde el punto de vista de la entropía lógica, tanto el proceso que condujo al origen de la vida como la evolución son procesos neguentrópicos o de entropía negativa, puesto que a partir de un desorden inicial se produce orden. Las formas simples dan lugar a formas más complejas. De hecho, esta tendencia hacia el orden no es exclusiva de la vida ya que esta misma tendencia se deduce de la evolución de la materia a partir de la energía producida en el big bang hace unos 14.000 millones de años. La combinación de las partículas elementales formadas inmediatamente después de la gran explosión dio lugar a las partículas subatómicas (protones, electrones y neutrones), al hidrógeno y a los distintos átomos, por combinaciones distintas de estas subpartículas en las estrellas, y también a una gran diversidad de moléculas más o menos complejas formadas por las combinaciones posibles de los distintos átomos.

Este gran complejo molecular que es la Tierra empezó a enfriarse hace unos 3.900 millones de años y se formaron las rocas más antiguas conocidas, enfriamiento bastante rápido si se considera que la Tierra se formó hace aproximadamente unos 4.600 millones años. Se han encontrado fósiles de células primitivas con una edad de unos 3.500 millones de años. La producción masiva de oxígeno por parte de un subtipo de organismos bastante parecidos a las bacterias con capacidad fotosintética, los cianófitos, hace unos 2.000 millones de años, dio lugar a una extinción masiva de organismos anaerobios que quedaron marginados a ambientes libres de oxígeno y abrió la puerta a la ocupación biológica de los continentes gracias a la formación de la ozonosfera, capa gaseosa capaz de filtrar las radiaciones solares ionizantes que antes imposibilitaba la colonización de la tierra firme.

Los registros fósiles reflejan que la diversidad de formas biológicas ha aumentado constantemente a pesar de las diversas extinciones masivas acaecidas a lo largo de la era secundaria debidas ya sea a cambios climáticos, al impacto de asteroides, a cambios en la polaridad del magnetismo terrestre o a la incidencia excesiva de radiaciones solares ionizantes. Así, el número de familias de animales marinos contabilizadas en los fósiles a lo largo del eón Fanerozoico (desde hace unos 600 millones de años) aumenta desde unas pocas decenas hasta las actuales 1.900 familias que se han podido inventariar por el momento.

A lo largo de este recorrido histórico se deduce un aumento de la complejidad de la biosfera y aumento progresivo de formas de vida, y de la diversidad de organismos vivos que la ocupan. Todo parece ordenarse de forma que la energía y el caos material inicial se transforman en orden y estabilidad en contradicción aparente con el segundo principio de la termodinámica.

La corriente de pensamiento neo darwinista defiende que, efectivamente, la vida y es progreso, que la evolución ha tendido siempre de lo simple a lo complejo, de una mayor dependencia a una relativa independencia de los organismos respecto a su entorno, a una mayor autonomía de los individuos, al desarrollo de un sistema nervioso y de órganos sensoriales más y más complejos que permiten una mejor supervivencia y finalmente a una mayor conciencia[8].

En el fondo de este problema reside un debate sobre el sentido de la evolución de la vida como una forma de progreso. Las corrientes que difieren de los neo-darwinistas defienden que no existe tal progreso en la evolución, puesto que el organismo actual simple, como un protozoo, ha seguido un proceso evolutivo largo y complejo basado en mecanismos parecidos que no lo hace inferior, evolutivamente hablando, de otros animales que se dice que son «altamente» evolucionados, como serían los vertebrados o el propio hombre. Los resultados son diferentes en un caso y otro debido a las restricciones del entorno, restricciones relacionadas con la función ecológica de cada especie en el nicho que ocupa en su ecosistema.

De hecho la memoria acumulada en el acervo genético de cada organismo es de tal magnitud que permite en muchos casos la adaptación a situaciones cambiantes un tanto imprevistas. La existencia de cambios accidentales en la Tierra, debidos a cataclismos, como la caída de asteroides o las glaciaciones, no ha dado lugar a la extinción de la vida sino a la adaptación por selección natural de las formas de vida preexistentes a las nuevas condiciones impuestas, adaptación que es posible por la existencia de una información genética acumulada a lo largo de la evolución y por el propio mecanismo de selección natural que hace manifestable esta evolución. Buena parte de la información genética de los genomas de los seres vivos es una información aparentemente inútil, de carácter retórico o barroco. En realidad esta información puede manifestarse en situaciones cambiantes, lo que explica la adaptabilidad de la vida a los cambios históricos que se han producido en la Tierra a lo largo de su accidentada historia.

En situaciones de estabilidad, cada animal o vegetal tiene restringidas las posibilidades de evolución de forma que, de entre las diferentes potencialidades de expresión de su genotipo, se muestran solo algunos fenotipos[9], aquellos más adecuados al entorno que les ha tocado vivir, un entorno definido por las restricciones impuestas por otros organismos del ecosistema e incluso por los de su misma especie, en unas condiciones ambientales más o menos determinadas. La evolución se manifiesta y se acelera con los cambios y las perturbaciones de los ecosistemas y se muestra de forma muy restringida en situaciones de estabilidad. La evolución no tiende a producir formas más altamente organizadas sino formas diferentes adaptadas a un entorno determinado[10], sin perder por ello totalmente la memoria de situaciones pasadas.

En contra a este posicionamiento se encuentran los evolucionistas progresistas[11]. Según esta corriente la evolución tiene una dirección y es progresiva en el sentido que la evolución ha dado lugar a formas cada vez más complejas y mejor adaptadas a las condiciones cambiantes en la Tierra. La base de esta evolución es la selección natural pero uno de los mecanismos que explican la gran diversidad de seres vivos es la cooperación, en el caso de asociaciones de formas próximas, y la simbiosis en las de distintas especies. Los sistemas vivos, a diferentes escalas tienden a asociarse para obtener un beneficio mutuo que las hace más competitivas y adaptables al medio. En la cúspide de este proceso el hombre sigue esta misma tendencia puesto que los procesos de cooperación intraespecífica han sido los que han permitido la evolución social y la creación de bienes y servicios. Tal vez el mayor logro de la evolución es la aparición de una especie que es consciente del sentido de la misma y, por tanto, su comprensión permitirá, quizás regularla en el futuro.

Criticalidad organizada

Los sistemas complejos que se autoorganizan en el transcurso del tiempo y consiguen un cierto grado de madurez se dirigen a un estado no estático en el que se suelen ir produciendo cambios en sus partes. A este estado se lo ha denominado estado crítico de criticalidad autoorganizada. Estos cambios producen un rejuvenecimiento de las partes que tienden bien a autoorganizarse siguiendo las tendencias generales del sistema, bien a adquirir una estructura cíclica de cambios en la parte modificada o bien a dar lugar a cambios generales en todo el sistema. De aquí que se trate de un estado crítico.

En los bosques templados y tropicales se han descrito fenómenos de autotala según los cuales la muerte de árboles adultos da lugar a la generación de claros que rompen la continuidad del estrato arbóreo. En los espacios abiertos se producen cambios ambientales, como una mayor irradiación solar cerca del suelo, que se traduce en una serie de cambios en la flora subyacente a modo de microsucesiones. El fenómeno de autotala significa un rejuvenecimiento para todo el sistema y la creación de una nueva heterogeneidad espacial y funcional en el bosque. La introducción de una nueva especie por ejemplo, de tener éxito, puede significar un nuevo estado crítico para todo el sistema que signifique la reestructuración del conjunto del ecosistema.

Al estudiar los fenómenos de autotala se ha observado que el tamaño de los claros no es siempre igual. Son más frecuentes los claros de pequeño tamaño que los mayores y además la frecuencia en la distribución por tamaños de los claros sigue una función no lineal, del tipo potencial negativa $F(t) = k \cdot t^{-r}$, donde t es el área o tamaño de cada claro observado experimentalmente, F(t) la frecuencia observada de cada tamaño y k y r son constantes relacionadas con el tipo de bosque considerado. La representación de los logaritmos de las áreas respecto a las frecuencias permite el trazado de una recta de regresión de pendiente r.

Sistemas sociales como sistemas complejos

Uno de los aspectos problemáticos de la aplicación de la teoría general de sistemas es si estas propiedades transversales descubiertas en distintos sistemas pueden ser aplicados a los sistemas humanos o en campos profesionales vinculados a éstos como el de la arquitectura. Las objeciones a un tipo de planteamiento sistémico en estos campos derivan de la propia complejidad de este tipo de sistemas, lo que hace difícil el establecimiento de modelos y, por tanto, su utilidad práctica. Por otro lado se ha afirmado que la aplicación de la teoría de sistemas a los sistemas humanos supone una visión determinista y totalitarista del mundo ya que entiende al hombre como un ser inmerso en las organizaciones sociales como si se tratara de células que forman parte de órganos que a su vez pertenecen a un gran supersistema como es el estado.

Este tipo de interpretaciones generalistas son en realidad analogías vagas y superficiales de naturaleza organicista, carentes de una base suficiente como para permitir establecer los isomorfismos necesarios para que puedan ser aplicados en el sistema social. En las sociedades humanas se pueden establecer diversos niveles de sistemas de diferente orden jerárquico y de extensión muy variable, aplicados a fenómenos específicos. Determinadas actividades sociales pueden ser entendidas como sistemas en los que intervienen una serie de elementos en interacción que en conjunto presentan unos resultados diferentes de lo esperable por la actividad individual de sus elementos.

La tensión que se produce entre la creatividad artística y el supuesto determinismo que se asocia a la teoría de sistemas, a nuestro entender, carece de fundamento. El conocimiento de la naturaleza de los sistemas naturales y del sistema ecosocial permite al diseñador aplicar un marco teórico o conceptual a su obra para hacerla transcendente. Con ello no se defiende un utilitarismo a ultranza de la creación artística, puesto que determinadas realizaciones artísticas pueden presentar una información de naturaleza retórica y barroca que no tiene una utilidad práctica pero que, sin embargo, representa una información conceptual relevante. La sabiduría del artista reside en su capacidad para realizar un constructo que conjugue adecuadamente el conocimiento empírico del mundo con un mensaje que se quiere transmitir.

Como ocurre en los ecosistemas, los sistemas humanos aparecen como extremadamente complicados. Buena parte de la ecología teórica actual presenta una formulación de naturaleza holística que enraíza con los planteamientos propios de la teoría general de sistemas. Esta labor es muy complicada puesto que muchos fenómenos naturales presentan una resistencia a ser modelados porque son muy complejos, no sólo por el papel que puedan tener en ellos el azar y el caos determinista, sino también por la gran cantidad de variables e interdependencias internas no lineales y de naturaleza asimétrica que presentan los ecosistemas.

Estas dificultades pueden desanimar los intentos de modelización de los fenómenos biológicos y humanos. Desde aquí opinamos que, como ocurre en la ecología, las escuelas de base reduccionista deberían convivir con los holistas durante un cierto tiempo y nutriéndose mutuamente. La revolución en la capacidad de tratamiento de la información tal vez permitirá la transmutación de los logros de los planteamientos reduccionistas a la teoría general.

Algunos aspectos funcionales de los sistemas sociales presentan circuitos de regulación que pueden ser integrados en modelos descriptivos. Las más de las veces estos modelos consiguen llegar a un nivel descriptivo de tipo cualitativo por el hecho de que es muy difícil estandarizar las funciones implicadas en las relaciones entre los elementos.

Un ejemplo de ello es la regulación de retroalimentación positiva que presenta el tráfico en las ciudades[12]. Se trata de una regulación desestabilizadora ya que los problemas del tráfico se traducen en un aumento del número y de las dimensiones de los viales y calles destinadas al tráfico. Las nuevas facilidades producidas para el tráfico dan lugar de nuevo a un aumento del número de vehículos que circulan. Como resultado de las congestiones producidas por el aumento de vehículos las autoridades amplían una vez y otra la capacidad viaria, mecanismo que se ha ido reproduciendo en la mayor parte de las ciudades del mundo. Sólo los problemas derivados de la congestión, como la contaminación atmosférica, el ruido, el estrés y los accidentes, podrían jugar en contra de esta tendencia; sin embargo, no parecen constituir factores suficientes. Parece necesario el establecimiento de regulaciones a niveles jerárquicos superiores que limiten esta tendencia a modo de control desde fuera del sistema como condiciones del contorno del mismo.

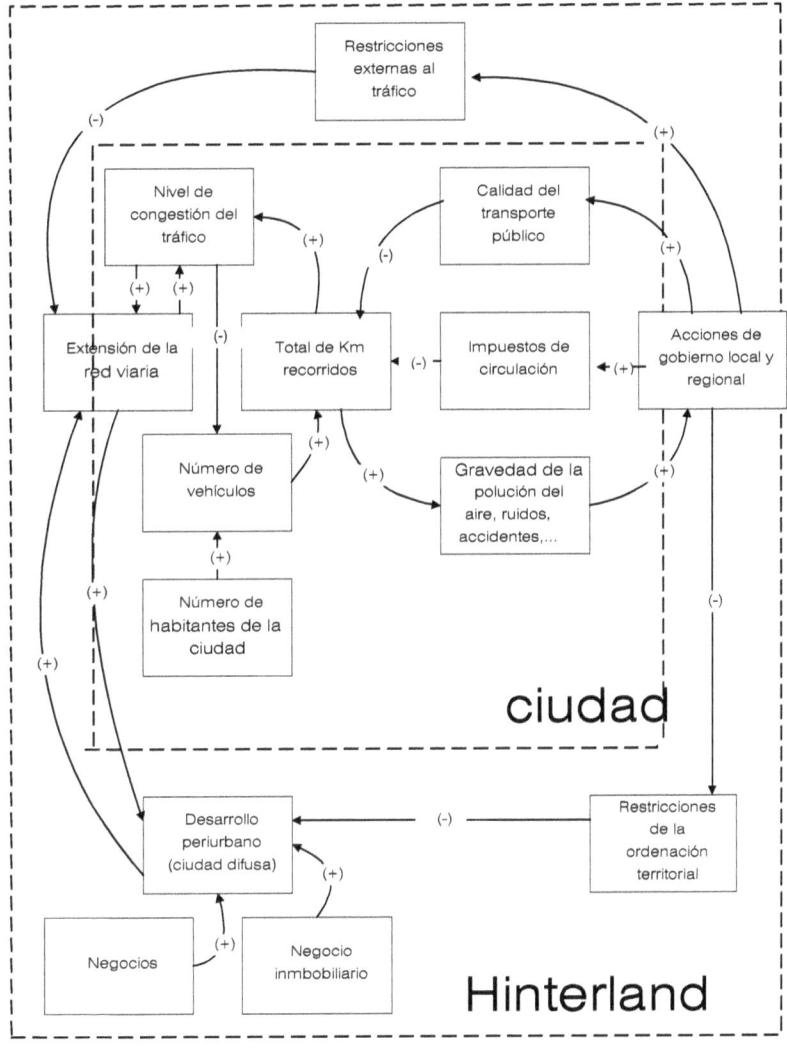

I.3 La Entropía

Entropía termodinámica

El interés de esta característica de los sistemas es que nos permite conocer el grado de estructuración de un sistema. Su interés concierne a diferentes campos del conocimiento, desde la física cuántica a la cosmología pasando por las ciencias naturales y las humanidades.

El término se originó en el contexto de la termodinámica. La interacción de la materia con la materia conduce a unas pérdidas energéticas que se describen con el término de entropía. La entropía es la energía residual que, por ejemplo en una máquina, no puede ser usada para producir trabajo. Cualquier proceso en el que se produce un flujo de energía conduce a una pérdida de una parte de la misma, a la que denominamos entropía.

Desde el punto de vista termodinámico, en un sistema abierto, el aumento de energía interna del sistema es posible si es cedida desde el entorno que rodea el sistema. Esta es una manera de expresar la ley de la conservación de la energía que constituye el llamado primer principio de la termodinámica, según el cual la energía no se crea ni se destruye sino que sólo se transforma. Este principio imposibilita la existencia de máquinas de movimiento continuo que no presenten un aporte externo de energía.

Un segundo concepto importante es el de entropía termodinámica de un sistema, entendida ésta como una forma de energía. Este concepto deriva del segundo principio de la termodinámica, principio enunciado por Sadi Carnot a principios del siglo XIX. Según éste, un sistema cerrado, en el que se hace incidir una cierta cantidad de energía, reacciona pasando a un estado que presenta una mayor energía interna (útil para producir trabajo por ejemplo)[13]. Inversamente, un sistema que presente un alto contenido de energía interna puede ceder parte de su energía pasando a otro estado con menor contenido de energía interna. Estas pérdidas pueden producirse de diversas maneras, por ejemplo porque se pierde calor o se produce trabajo.

Los físicos preocupados por el funcionamiento de máquinas térmicas como la maquina de vapor, observaron que en ningún caso una máquina podría obtener rendimientos del 100%. Si bien toda la energía disponible puede traducirse en calor, no es posible convertir todo el calor en trabajo. El trabajo mecánico máximo que podría producir una máquina se obtiene a partir de la energía libre del sistema (DG), que es precisamente el tipo de energía que puede transformarse en trabajo. La energía libre resulta de restar a la energía total inicial disponible (entalpía, DH) una cantidad de energía no utilizable para realizar trabajo o entropía (DS). No se puede traducir en trabajo porque esta energía se invierte en producir desorden molecular en este sistema material. Se sabe, además, que la cantidad de energía no utilizable aumenta con la temperatura absoluta del sistema (T·DS). El segundo principio de la termodinámica se puede resumir entonces con la expresión DG = DH-T·DS.

El concepto de entropía se puede extender a sistemas termodinámicos que no producen trabajo. Imaginemos un sistema formado por una piedra caliente que se sumerge en agua fría. La piedra, al estar más caliente, da lugar a un flujo de calor que va de la piedra al agua (nunca al revés) hasta que las temperaturas de la piedra y el agua se igualan. En este proceso la entropía (el desorden molecular) del agua aumenta mientras que la entropía de la piedra disminuye. Conocidas las temperaturas iniciales de la piedra y del agua y la temperatura final del agua se puede cuantificar el aumento de entropía en el agua calculando la cantidad de calor (en calorías) captado por el agua, que ha hecho aumentar la temperatura del agua en un grado centígrado. Si la entropía disminuye de una parte para aumentar en la otra, nótese que el balance o la variación de la entropía del sistema piedra-agua será cero.

En otra situación podemos encontrar sistemas abiertos en condiciones iniciales de entropía nula. Así, por ejemplo, tal como ya formuló el físico cuántico Max Plank, un sólido cristalino que se encontrara (de poder ser) en el cero absoluto de temperatura (a -273°C o 0 °K, grados Kelvin) presentaría un orden perfecto y por tanto un valor de desorden o de entropía nula. Si este cristal absorbiera calor del entorno entonces se produciría un mayor desorden molecular y, por tanto, un aumento de su entropía que se manifestaría en forma de vibraciones moleculares y desestructuración y rotura de la estructura cristalina, tanto más importante cuanto más energía se hubiera absorbido. La entropía puede ser entonces considerada como una medida del desorden interno de un sistema material. Este fenómeno de producción de entropía se da en cualquier sistema material, tanto en las máquinas, como en los ecosistemas, como también para el conjunto del universo.

A finales del siglo XIX el físico austríaco Ludwig Boltzmann amplió la aplicación del concepto de entropía a un contexto no estrictamente termodinámico. En un sistema formado por un gas encerrado en un recipiente, la entropía podía medirse a través de la media de la energía cinética de las moléculas del gas: era una forma de medir su actividad de traslación o movimiento como expresión del desorden, sin considerar en este caso los flujos de calor con el entorno.

La teoría cinético-molecular de los gases explica que en su seno se producen distintos movimientos: de traslación, de rotación de las moléculas y de vibración de los átomos que forman parte de cada molécula de gas, choques elásticos entre moléculas y con las paredes del recipiente (lo que produce una cierta presión) y fuerzas atractivas y de repulsión, más o menos intensas según sea la densidad del gas encerrado. Si bien las velocidades de las moléculas son del orden de varios centenares de metros por segundo, el libre recorrido medio de una molécula, antes de producirse un choque con otra molécula de gas, es muy pequeño y esta distancia depende de lo enrarecido que se encuentre el mismo.

Boltzmann amplió el concepto de entropía como una medida de la energía que se invierte en este caos molecular, como resultado de la energía cinética que tienen las moléculas del gas. En este contexto cabe entender la entrada de calor en este sistema como una energía que se transforma en energía mecánica, que es responsable de los movimientos de las moléculas, energía irrecuperable de no existir un ingenio que aproveche este movimiento. Así, se sabe que la energía cinética media de traslación de las moléculas es proporcional a la temperatura del gas, siendo esta energía de traslación tanto más intensa cuanto más alta sea su temperatura[14]. En el caso de una máquina una parte de la energía cinética de las moléculas (la entalpía libre) se puede transformar, mediante mecanismos adecuados, en trabajo y reducir así su energía interna a un determinado nivel. El resto de energía que no ha podido transformarse en trabajo es la entropía residual de la máquina, entropía que es la responsable del desorden molecular no aprovechado en trabajo.

Entropía no estrictamente termodinámica

Los trabajos de Boltzmann fueron más allá puesto que estableció un modelo de entropía basado en la mecánica estadística. En este modelo analizaba qué sucede al mezclar dos gases que se encuentran a la misma temperatura sin considerar ninguna transmisión de calor entre ellos. Los dos gases por separado presentan un cierto nivel de desorden (entropía) caracterizado por la energía cinética media de las moléculas para cada gas. En cada caso el desorden se puede definir por la probabilidad de tener una posible ordenación considerando todas las moléculas de gas conjuntamente. Una fotografía de las moléculas nos mostraría una de sus posiciones de entre todas las posibles. La probabilidad de encontrar esta posición es uno dividido por el número de todas las posibilidades de posición. La mezcla de los dos gases significa un aumento de las ordenaciones posibles, un aumento de la entropía sin que en este caso se produzca una transmisión de calor. Así, en el modelo de Boltzmann la entropía es el número de ordenaciones posibles de las moléculas de los gases.

Un físico teórico de nuestros tiempos, Richard Feynman, profundizó esta perspectiva de base probabilística. Definió la entropía utilizando un ejemplo esclarecedor. Imaginemos que dos partes pequeñas del espacio se encuentran separadas y que una parte contiene moléculas blancas y la otra moléculas negras. Si pasamos algunas moléculas blancas de una parte a la otra, tendremos que, estadísticamente, en la parte que recibe moléculas, el número de ordenaciones posibles aumenta, mientras que en la parte que las pierde, disminuye. Hemos de preguntarnos de cuántas maneras distintas se pueden situar las moléculas blancas respecto a las negras. Feynman propuso que la entropía se calculara mediante el logaritmo de este número de posibilidades de ordenación, como un número abstracto, sin necesidad de utilizar unidades físicas.

En al figura se representa un sistema de diez partículas (que imaginaremos numeradas del 1 al 10) en el que se muestra la tendencia del sistema a obtener un estado estable con un valor máximo de entropía. En el estado representado a la izquierda se presenta más orden o estructura puesto que se produce un reparto diferenciado de partículas entre las partes A y B, y el número de ordenaciones posibles es reducido (P = N! / (na!·nb!)). En la parte derecha, el número de ordenaciones posibles aumenta. El sistema tiende a un estado de máxima entropía, valor que está relacionado con el número de ordenaciones posibles. Un número elevado de ordenaciones está relacionado con el desorden (con la entropía) ya que son muchos los estados posibles del sistema.

El valor de entropía se puede hacer proporcional al logaritmo neperiano del número de ordenaciones P según la expresión $S = k \cdot \ln P$.

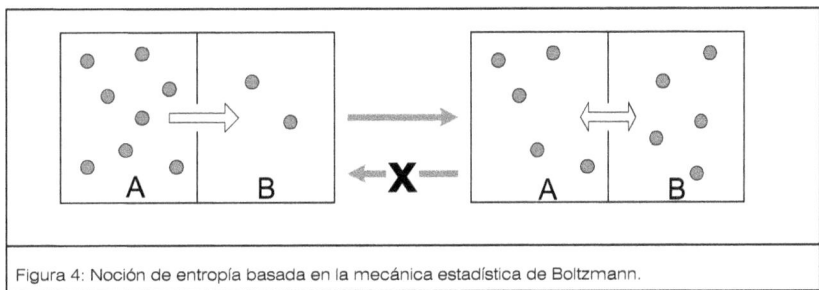

Figura 4: Noción de entropía basada en la mecánica estadística de Boltzmann.

Número de ordenaciones $P = N! / (na! \cdot nb!)$ en general $P = N! / \prod ni!$		
n(a)	n(b)	ordenaciones P
9	1	10
8	2	45
......	......	......
5	5	252

Como el estado de máxima entropía de un sistema es el más probable al ser el más estable, la probabilidad de las diferentes ordenaciones no es la misma ya que en principio un sistema organizado tiene menos probabilidad de existir que uno desorganizado. De aquí que se pueda vincular la anterior expresión a la formulada por Shannon, en la cual se considera esta diferente probabilidad:

$$S = -k \cdot \sum p_i \cdot \log p_i$$

donde p_i son las probabilidades para cada suceso y $p_i \cdot \log p_i$ las probabilidades condicionadas de cada suceso. En la parte izquierda de la figura el cambio de compartimento de una partícula es más probable en un sentido que en el otro. Se trata de un suceso muy probable y la información que aporta el suceso puede reducir la incertidumbre. En la parte derecha, en el estado de máxima entropía, el paso de A a B es igualmente probable. En este caso la incertidumbre es muy alta y por tanto la función de entropía de Shannon es máxima, ya que esta función nos define el grado de incertidumbre de un sistema. En el caso contrario, cuando hay un repartimiento asimétrico de las partículas unos sucesos serán mucho más probables que otros, de forma que la incertidumbre se reduce como también la entropía. De todo ello se deduce que la entropía (el desorden) y la incertidumbre (la diferente probabilidad de los sucesos) son conceptos equivalentes.

Esta nueva acepción del concepto difiere esencialmente del concepto termodinámico puesto que en un sistema la entropía estadística calculada depende de la escala o de las dimensiones del sistema considerado, mientras que en su sentido termodinámico el valor de entropía se expresa en términos relativos, de forma que su valor es el mismo independientemente de las dimensiones del sistema. Claude Shannon afirmó que las coordenadas usadas en la medida de los sistemas son importantes ya que el nivel de entropía puede cambiar según el sistema de referencia que se utilice. Estas constataciones han dado lugar a la segregación de los dos conceptos de entropía: el de la denominada por algunos autores entropía lógica y el de la entropía estrictamente termodinámica.

El concepto de entropía junto con la mecánica estadística ponen en cuestión el concepto de tiempo propio de la mecánica newtoniana así como el pensamiento determinista. Con las leyes de Newton pueden establecerse relaciones de causa y efecto de forma que conociendo las causas y las leyes que las gobiernan se pueden deducir los efectos. Mediante la mecánica newtoniana y la ley de la gravitación se puede saber la posición que tenía un planeta hace cierto tiempo a partir de la posición actual así como cuál será su posición en el futuro. En este contexto el tiempo es una variable reversible. En los sistemas se produce una rotura de esta simetría del tiempo porque los estados pasados del sistema son irrecuperables. Si el valor de la entropía de un sistema siempre aumenta, éste tiende hacia un estado de equilibrio de entropía máxima a partir del cual no es posible recuperar los estados pasados. El determinismo también se pone en cuestión con la emergencia del concepto de entropía en tanto que el conocimiento de los sistemas se basa ahora en probabilidades de sucesos, sin poder determinar exactamente qué sucederá con un elemento determinado del sistema.

La entropía en los sistemas complejos

Una de las características fundamentales de este tipo de sistemas es su capacidad de organización y adaptación al entorno de una forma bastante autónoma. Los sistemas naturales de diferente naturaleza son sistemas que presentan esta capacidad y se denominan sistemas autoorganizativos o autoorganizados. Estos sistemas son sistemas abiertos ya que presentan intercambios energéticos y materiales (y de información) con el exterior. Por otro lado son sistemas capaces de canalizar la energía en determinadas rutas y dan lugar a una mayor organización.

Así, en un sistema físico abierto, la entrada de energía produce más entropía mientras que en un sistema complejo la entrada de energía hace aparentemente lo contrario, se traduce en más orden y organización. En los sistemas complejos, las estructuras o formas preexistentes (su historia), que representan una información acumulada por entradas de energía anteriores, parecen canalizar las nuevas entradas en determinadas direcciones, distintas a lo que sería esperable, debido al azar. Como consecuencia de este comportamiento, se dice que estos sistemas, aparentemente, contradicen el segundo principio de la termodinámica, ya que las entradas de energía se traducen en mayor orden y no en entropía[15]. En realidad no existe tal contradicción. Los sistemas, en su interacción con la energía, aumentan inicialmente su entropía; sin embargo, las estructuras y mecanismos reguladores internos del sistema exportan la entropía al entorno del sistema produciendo incertidumbre en el mismo. En tanto los sistemas son constructos teóricos, un sistema determinado puede asimilar su propio entorno.

Considerando el sistema y su entorno como supersistema no se viola el segundo principio de la termodinámica en tanto la entropía del supersistema aumenta. Lo que sucede es que las estructuras y la información preexistentes en una parte del supersistema dan lugar a una segregación de la entropía de una a otra parte del supersistema, al entorno del sistema originario. Prigogine resume lo que se viene diciendo que la variación de entropía del sistema (dS) es igual a la suma del flujo de entropía cambiada entre el sistema y su entorno (deS) más la entropía producida por el sistema (diS):

dS = deS + diS

donde diS >= 0 y deS puede ser positivo o negativo (neguentropía)

El flujo de entropía cambiada con el entorno puede ser positivo, de forma que el sistema aumente su contenido de entropía, o bien ser negativo y dar lugar a una disminución aparente de la entropía del sistema. Si se considera el entorno como parte del sistema entonces no tiene sentido el término deS que expresa el flujo de intercambio con el entorno y entonces el incremento de entropía es igual al incremento de la entropía interna del sistema.

Se ha propuesto otro tipo de interpretación según el cual los sistemas complejos y abiertos, como es el caso de un organismo vivo o una célula, tienden, en efecto, a aumentar su entropía a partir de los procesos irreversibles que llevan a cabo internamente, tal como prevé el segundo principio de la termodinámica. Sin embargo, este incremento de la entropía queda compensado por la importación de materiales de entropía negativa[16], en concreto las moléculas orgánicas complejas que presentan un alto contenido de energía libre, energía que puede ser utilizada internamente para aumentar la organización. En este caso también sería aplicable la expresión de Prigogine ya que, en definitiva, la importación de alimentos de baja entropía es equivalente a una exportación de entropía con el entorno. Con ello el organismo puede renovar estructuras e incrementar su organización.

La capacidad de autoorganización de los sistemas complejos es tanto mayor cuanto más bien estructurado esté el sistema. Un organismo, entendido como un sistema en relación con su entorno, se alimenta con materia de baja entropía de su medio de vida, alimento que usa parcialmente para extraer la energía de enlace químico que contiene. Como resultado del metabolismo, exporta calor, realiza un trabajo y devuelve al medio los materiales sobrantes o residuos con un mayor contenido de entropía que los alimentos. Un organismo, como cualquier sistema natural complejo, se comporta como una entidad disipadora de la energía y generadora de entropía.

Los sistemas termodinámicos simples no presentan una organización suficiente que canalice la energía, de forma que las entradas de energía se traducen en un mayor desorden molecular o entropía interna. Un caso típico de estos sistemas es un balón de gas que se calienta con una fuente externa. Estos sistemas nunca se autoorganizan.

La Tierra en conjunto, entendida como un sistema, recibe constantemente un flujo de energía del entorno en forma de radiación solar inmaterial, en forma de fotones. Una parte es reenviada al espacio exterior (albedo) y el resto es absorbida a dos niveles: en los sistemas físicos envolventes de la Tierra, como la atmósfera, litosfera y la hidrosfera, y en un gran sistema complejo, la biosfera. La biosfera es también un sistema abierto ya que presenta intercambios de materia y energía con otros sistemas con los que está vinculado, con la litosfera, la atmósfera y la hidrosfera, y recibe un flujo continuo de energía solar. La biosfera absorbe una parte más bien pequeña de la energía incidente que, a través de la fotosíntesis que realizan los productores primarios o vegetales, se traduce en materia organizada con un alto nivel de energía acumulada de primera calidad, la materia orgánica. Los combustibles fósiles como el carbón o el petróleo son los restos de materia orgánica de ecosistemas del pasado que no pudieron ser degradados totalmente, y por ello conservan una parte de este tipo de energía de enlace químico. Su consumo por el hombre actual es equivalente al uso de la madera como combustible. Este consumo produce desorden o entropía (o polución) en el entorno.

A un nivel más concreto, los distintos ecosistemas que conforman la biosfera presentan un comportamiento similar. Los ecosistemas son una manifestación de orden acumulado gracias al flujo energético solar. En su seno actúan seres vivos que se dedican a captar energía o a buscar alimento (para usar la energía fijada en la fotosíntesis), para poder autoorganizarse internamente, reproducirse y relacionarse con el entorno, para buscar más alimento por ejemplo. Estas actividades producen desorden (o polución) al nivel de su entorno inmediato. El eminente físico Erwin Schrödinger resumió lo que se viene diciendo con la siguiente afirmación de 1967: «la vida (y la evolución) puede ser vista como una segregación de entropía. La entrada con que un organismo se mantiene él mismo en estado estacionario en un determinado nivel de orden (en un bajo nivel de entropía) realmente es posible por la absorción continuada de orden de su entorno.".

Como los sistemas termodinámicos simples, los ecosistemas tienden a maximizar la producción de entropía. Esta producción es en buena parte exportada al entorno. A lo largo de la sucesión el ritmo con el que se genera la entropía se va ralentizado, de forma que en los estadios iniciales la producción de entropía por unidad de tiempo es muy alta y va reduciéndose progresivamente en los estadios más maduros[17].

El hombre como sistema disipativo

Llegados a este punto podemos preguntarnos cómo se comporta el hombre como sistema ecosocial o, si se quiere, como resultado de su amplia presencia en la Tierra como antroposfera. Esta antroposfera está produciendo cambios ambientales globales en la Tierra y, desde el punto de vista ecológico puede ser de interés utilizar y definir este tipo de sistema a efectos de poder interpretar ecológicamente su comportamiento. Con el término de antroposfera se sintetiza el conjunto de la humanidad, sus artefactos, sus sistemas productivos agrarios e industriales y las redes de organizaciones que se expresan en la esfera local y, cada vez más, a una escala planetaria. El singular comportamiento de nuestra especie permitiría la definición de esta categoría de sistema porque presenta un conjunto de características singulares sin precedentes. Por un lado, el hombre adapta el entorno a sus necesidades de confort creando un sistema de asentamientos humanos cada vez más homologables en las distintas partes del planeta: en las ciudades asiáticas y europeas, los habitantes tienden a comportarse, desde un punto de vista ecológico, de manera progresivamente más parecida aunque se produzcan diferencias en intensidad de los usos según de quién y de dónde se trate.

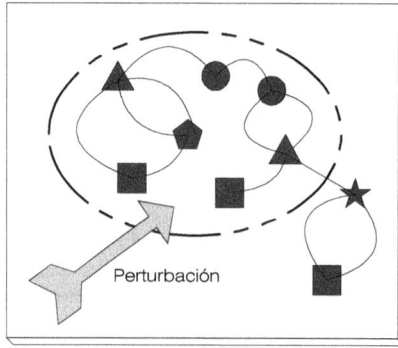
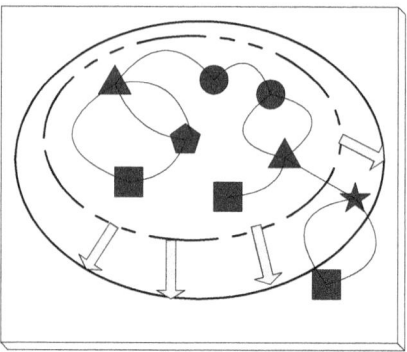

Orden desde el ruido   Orden desde el orden

Figura 5: Mecanismos de aumento del orden en sistemas reales autoorganizativos según Heinz von Foester.

El hombre explota los recursos naturales, los transforma, los distribuye, los consume y los rechaza en forma de residuos y polución. Esta manera de proceder no es estable sino que se innova constantemente abarcando nuevos procesos, usos y consumos. Este comportamiento e innovación constante tiende a ser similar en todas partes ya que la actual capacidad de intercambio de información científica y tecnológica, de artefactos, de productos y alimentos derivada del transporte y la explotación de recursos a grandes distancias, allí donde se encuentren, permite dibujar un sistema con una dinámica propia sin precedentes. Lejos de los circuitos de regulación local del hombre cazador-recolector del paleolítico y de la más reciente estrategia de la frontera, que permitía el mantenimiento de cierta autarquía ecológica y económica, hoy asistimos a una globalización del comercio y de la cultura material (entendida como formas de comportamiento ecológico). La explotación global de la biosfera por la antroposfera permite dibujar dos sistemas relacionados, con alto nivel de organización, que se encuentran en una situación de competencia y explotación.

Definidos estos sistemas, se puede afirmar que la antroposfera es dependiente de la biosfera ya que precisa de *inputs* de baja entropía en forma de recursos renovables y no renovables (alimentos, madera, combustibles fósiles,...). Esta explotación produce una exportación de entropía y una disipación de energía desde la antroposfera a la biosfera (contaminación, desestructuración o regresión de sus ecosistemas, cambio climático, incertidumbre,...) y más orden en la antroposfera (estructuras, información, complejidad,..). Si bien lo que se viene diciendo es cierto globalmente, cabe decir que determinados subsistemas de la antroposfera presentan niveles de exportación de entropía diferentes.

En una visión de conjunto de la gestión del hombre sobre la biosfera, dirigida su conservación, cabría esperar un comportamiento que minimice la exportación de entropía a la biosfera. Esta tendencia es posible si se reduce el nivel de explotación, con un menor gasto de energía fósil, y se sustituye por el uso de energías renovables, si hay una limitación del crecimiento demográfico, y si se establecen sistemas productivos menos impactantes, tanto en las fases de producción como en las del consumo, y si se reducen progresivamente las tasas de crecimiento demográfico de la humanidad.

I.4 La Información

Significación de la información

Se puede definir el concepto de información como algo que reduce la incertidumbre o bien que incrementa la organización o el orden. La información contenida en un mensaje reduce la incertidumbre, tal como postula la teoría de la comunicación. Si bien esta teoría analiza el flujo de información de forma independiente de su soporte material, es evidente la vinculación de la información a la materia y a la energía en los sistemas físicos y biológicos. De un lado existe un código o lenguaje que permite interpretar la información (que constituye una metainformación) y del otro la información misma, que es interpretable según este código.

Para que la información sea significativa, además de un emisor y un canal de transmisión debe haber un receptor de la información capaz de asimilarla. En caso contrario la información generada se considera como ruido. Las formas de manifestación de la información en los sistemas son muy diversas en función de la escala considerada y los receptores de la misma.

De acuerdo con la perspectiva de la teoría de la comunicación, la medida de la información puede ser establecida sobre la base de decisiones. Imaginemos que hemos de llegar a una granja desde un pueblo por un camino que se divide tres veces antes de conseguir llegar a la granja. En cada bifurcación tenemos que decidir si vamos hacia la derecha o hacia la izquierda y tomar el camino adecuado en cada caso. Tomando todos los caminos posibles podríamos llegar a 8 lugares distintos ($2 \times 2 \times 2 = 2^3 = 8$ lugares distintos) incluida la granja. La cantidad de información necesaria para determinar el camino de la granja es de tres decisiones binarias derecha-izquierda o, lo que es lo mismo, de 3 bits de información.

Generalizando, la cantidad de información necesaria para obtener un determinado resultado se puede calcular mediante el logaritmo, de base dos, de las distintas posibilidades existentes. Así, para tomar una decisión entre 8 posibilidades, el contenido de información necesario es el $\log_2 8 = 3$ bits. La unidad que se utiliza es el bit de información o unidad binaria, unidad que expresa la elección de una de dos alternativas posibles (0 ó 1). Si en el juego de los caminos el 0 se hace corresponder con la izquierda y el 1 con la derecha, un recorrido posible que nos conduce a la granja es 011. Este valor 011 forma parte del sistema de numeración binario y se corresponde con el número 3 en el sistema de numeración decimal. Las ocho posibles combinaciones de unos y ceros en un número de tres cifras se corresponden con los números 0 al 7 del sistema decimal.

Etimológicamente el término información también hace referencia a la forma. Una forma contiene información en tanto las pautas de continuidad en los objetos se manifiestan de distinta manera de lo que sería esperable por la casualidad, como resultado del azar. La repetición de una forma, por ejemplo, constituye un patrón que da lugar a información. En algunos sistemas la progresiva definición de las formas es posible a través de un flujo de energía incidente que interacciona con una forma preexistente que ya contenía información acumulada y que canaliza la energía de forma convenientemente. Por lo tanto, el flujo de información en un sistema abierto está relacionado, de alguna manera, con el flujo de energía que lo atraviesa. Esta relación se hace evidente en los sistemas naturales, en los que la interacción entre materia y energía da lugar a estructuras y formas diversas de distinta complejidad y niveles de organización.

Sin embargo, ya se ha dicho que la energía incidente en un sistema abierto produce un aumento de la entropía, es decir, de desorden, aspecto que parece contradecir lo que hemos venido afirmando. En contexto no estrictamente termodinámico y de acuerdo con la definición de Feynman, la entropía de un sistema se puede calcular mediante el logaritmo de las ordenaciones posibles de un sistema.

La interacción de materia y energía tiene como resultado el establecimiento de formas complejas. La energía se manifiesta en el universo en las distintas formas de luz, calor, ondas..., y en la propia materia. La conocida ecuación de Einstein, $E = m \cdot c^2$ sobre la transformabilidad entre la materia y la energía, es su más claro exponente.

Informacion en los ecosistemas

En un ecosistema la existencia de un alto nivel de información reduce la incertidumbre del sistema prediciendo así sus estados en el futuro. En la escala de los sistemas humanos, este hecho es evidente en la mayor parte de las organizaciones sociales. La existencia de un programa de la institución (de una información) permite prever aproximadamente lo que sucederá en un tiempo determinado, lo que reduce la incertidumbre de la organización. Los sistemas naturales presentan un comportamiento similar. La gran biblioteca biológica que contiene el material genético de los individuos que forman parte del ecosistema sería el equivalente a un programa. En este programa están determinados los procesos de crecimiento, reproducción y las pautas generales de interrelación del individuo con su entorno. La información en los sistemas biológicos no se transmite solamente por vía genética. La información llamada cultural hace referencia a aquella que no se transmite por vía genética sino que es una información que, en parte, permanece pasando de unos individuos a otros.

En los ecosistemas terrestres, por ejemplo, es posible descubrir una información cultural y un lenguaje que se transmite a menudo por vías diferentes de la vía genética. Las señales olfativas y sonoras que producen muchos animales en sus hábitats representan una transmisión de información, a modo de señales de tráfico, destinadas a reducir la competencia por los recursos, a hacer más eficaz la reproducción y van destinadas a veces a sus congéneres, a veces a otras poblaciones. El intercambio de señales en el canto, los sonidos, los olores, las combinaciones de colores sobre el cuerpo de animales, las pistas o las marcas en el suelo o sobre vegetales constituyen en sí mismas un código y un mensaje entre individuos, con significados y lenguajes específicos. Asimismo, la transmisión cultural que se produce de una generación a otra en relación a las habilidades necesarias para la depredación, mediante el adiestramiento o el juego, son prácticas frecuentes entre muchos vertebrados. La etología ha estudiado estos procesos y la ecología ha podido explicar en algunos casos su sentido ecológico. Los estudios realizados respecto a los sistemas de comunicación (e incluso en el uso de herramientas) en determinados animales como los simios, muestran una alta sofisticación de lenguajes así como de los procesos implicados en la generación de significados. En este sentido, parece existir un continuo evolutivo respecto a las formas de transmisión de la información cultural, formas cada vez más sofisticadas, que tendrían su máxima expresión en los procesos lingüísticos y semióticos del hombre.

La transmisión de información no es gratuita, tiene un coste energético. De alguna manera la energía puede ser intercambiada por información y viceversa. En general, en cualquier sistema con una estructura previa, la interacción entre materia y energía modifica la estructura, de forma que el futuro se hace más predecible (Margalef, 1980). Un ejemplo sencillo de lo que se viene diciendo se puede descubrir en los procesos orogénicos derivados de la acción erosiva de la lluvia. La existencia de irregularidades iniciales en una planicie con una cierta pendiente (como estructura inicial) favorece que la lluvia incidente (como forma de energía, como agente transformador del relieve) acentúe las pendientes por la erosión que produce; por tanto, la energía incidente en este sistema modifica la estructura inicial y le da una nueva forma. La energía incidente ha sido cambiada por información (por una nueva forma). Esta nueva estructura o forma condiciona el futuro ya que, en nuestro ejemplo, en adelante el agua seguirá unas rutas más probables que otras: las líneas de máxima pendiente producidas por la erosión del agua.

La forma como la información se va acumulando da lugar a estratos superpuestos de sofisticación creciente hasta producir un código o una gramática que da sentido y canaliza adecuadamente la nueva información que entra en el sistema. Para tratar este aspecto usaremos un ejemplo expuesto por Margalef (Margalef, 1980) para ilustrar cómo se van produciendo estos estratos de información a través de un símil con un sistema productivo. Imaginemos que producimos un objeto manualmente. Las primeras piezas resultan de un gran esfuerzo, por una importante inversión de energía, pero los resultados son más bien discretos. A medida que somos más habilidosos, porque aprendemos más sobre la naturaleza del material y de las herramientas más adecuadas para cada fin (a medida que incorporamos información al sistema artesano-objeto), ganamos en eficiencia, es decir la energía invertida para producir cada unidad de la forma deseada se reduce. La experiencia obtenida hasta este momento nos permitirá pensar en una máquina que mejore la calidad, la cantidad y el precio de las piezas. Así, inicialmente se invierte una cantidad importante de energía y de información previa en la fabricación de estas piezas y en el diseño y la fabricación de la máquina, inversión que se recupera en poco tiempo si se consigue una mayor producción. Podemos pasar a otro nivel si inventamos una nueva máquina que construya eficientemente máquinas que hagan piezas de forma más rápida y con un coste razonable. Los diferentes niveles de producción, la artesanal poco eficiente, la artesanal eficiente, la automatizada y la superautomatizada, representan cuatro niveles productivos que contienen cuatro estratos de información distintos o modos de códigos internos en cada nivel. En cada estrato se consiguen resultados crecientes en el cociente de la producción con relación a los costes (energéticos y materiales). La entrada de materia y energía en cada nivel conduce a una mejor eficiencia porque la materia y la energía se utilizan siguiendo unas instrucciones de trabajo o de información que conducen a mejores resultados. Cada nivel representa un código diferente o una gramática que nos dice cómo se han de manejar las piezas, código cada vez más sofisticado en el sentido que produce instrucciones de abstracción creciente ya que se canaliza adecuadamente las entradas de materia y energía.

En cada estrato se canaliza la energía de forma cada vez más eficiente, se producien menos pérdidas y, por tanto, se exporta menos entropía al entorno (con menos residuos por ejemplo). Consecuentemente, el nivel de información del sistema y la entropía se encuentran relacionados. En los sistemas la energía entrante, como es sabido, produce el efecto general de un aumento de la entropía. En los sistemas en que se presenta un alto contenido de información, (o de estructura) se canaliza adecuadamente la energía entrante y se actúa como máquinas eficientes que generan poca entropía.

Estos mismos procesos de intercambio de energía por información se producen en otros niveles de los sistemas. A través de las estructuras puede reconstruirse, al menos en parte, un pasado o una historia.

Degradación de la información en la sociedad

El sistema de información es enormemente complejo y de difícil comprensión. Según Boulding la información en el mundo actual presenta mecanismos que la degradan produciendo sucedáneos de la realidad que conducen a una imaginería colectiva. Según este autor tres procesos tienden a degradar la calidad de la información. Uno de ellos es que los sistemas económicos, políticos y sociales divulgan imágenes de la realidad que son esencialmente falsas. Un ejemplo de tal tipo son algunos parámetros económicos usuales como el índice de precios al consumo, que se calcula de diferente manera según el momento, considerando unos aspectos y obviando otros. Una segunda fuente de degradación de la información se produce en las grandes organizaciones con distintos niveles de jerarquía. En éstas los niveles jerárquicos de la base comunican información a los superiores de una forma sesgada con la intención de satisfacer en sus expectativas al nivel inmediatamente superior, explicando en buena parte lo que éstos quieren oír y filtrando todo lo demás. Este flujo, a través de diversos niveles de la jerarquía, conduce a que los niveles más altos se encuentren a menudo en un mundo imaginario. Este fenómeno es especialmente relevante en las grandes organizaciones de gobierno. Conocedores de esta degradación de la información, en determinados casos, las organizaciones se protegen recabando información a través de instancias externas a la propia organización (mediante auditorías, consultores, inspecciones, encuestas,...). En los sistemas sociales donde la información es condicionante de su eficacia y viabilidad, como es el caso del mercado, se establece la coordinación de organizaciones sin un control jerárquico, lo que permite que la información presente un menor grado de degradación.

Un tercer fenómeno que produce la degradación de la información es el conocido con el término emergencia de la información: los medios de comunicación filtran la información según el dramatismo que presente y su propia conveniencia, relegando entonces información relevante. El resultado de todo ello es que la población tiene una imagen del mundo sesgada e irreal. Incidir sobre este fenómeno parece difícil ya que según Boulding la mayor parte de los decisores presentan, ya desde su juventud, una imagen distorsionada del mundo, como resultado de una educación e información basada en imágenes también distorsionadas. En esta situación las ciencias sociales podrían actuar como purificadoras de los flujos de información, dando un peso adecuado a la información según su relevancia para los intereses colectivos humanos.

Cibernética evolutiva y sistemas

La cibernética aplicada a la teoría de sistemas está dando lugar a resultados que representan una síntesis teórica de interés no sólo para las ciencias, que utilizan aproximaciones sistémicas a sus respectivos campos, sino también para las ciencias sociales en general y para la filosofía en particular, puesto que ésta se ha desarrollado históricamente en función del conocimiento que se ha tenido del mundo en cada momento.

Los principios de la cibernética básica con relación a los sistemas han conducido a unas primeras conclusiones de interés general, y éstas a lo que se ha llamado cibernética evolutiva[18]. Estas conclusiones se refieren a que los sistemas a todos los niveles están siendo construidos por evolución a través de un proceso continuo de autoorganización basado en la variación y la selección natural de las configuraciones más aptas. La evolución produce continuamente complejidad y ésta da lugar a sistemas bien adaptados que pueden controlar los cambios en su entorno.

El éxito de un sistema conduce muy probablemente a la duplicación o reproducción de éste. La existencia de un sistema implica la existencia de un entorno que, con el sistema mismo, dan lugar a un metasistema (o supersistema). El metasistema se constituye a través de un proceso de transición en metasistema, que permite su control sobre el sistema subyacente. La consolidación del metasistema constituye en sí misma la emergencia de un nuevo nivel de sistema que, a su vez, podrá iniciar un nuevo proceso de transición a un metasistema de nivel superior.

En la biología del desarrollo se pueden encontrar ejemplos que parecen demostrar estas afirmaciones. Muchos anélidos presentan un cuerpo diferenciado en segmentos en los que cada segmento presenta repetidos los órganos reproductores y excretores. Este hecho conduce a la hipótesis según la cual alguna forma independiente y autónoma, mediante un proceso de asociación de individuos de su misma naturaleza, pudo dar lugar a los actuales anélidos. La transición al metasistema se concretó en una forma que tuvo el control sobre las formas asociadas y que comportó un aumento de la complejidad mediante la diferenciación de segmentos algo más especializados. Este mismo razonamiento es aplicable a los insectos. Debido al hecho de que los desarrollos desde el huevo al estado adulto muestran las distintas fases de la historia evolutiva de estos animales, los insectos muestran una fase larvaria con una segmentación homogénea muy parecida a la de los anélidos. Cada segmento es un sistema con una cierta autonomía. Después de un proceso de desarrollo que se produce en el estado de pupa, los segmentos del insecto aparecen bien diferenciados con funciones especializadas. Esta tendencia a la diferenciación se puede incluso observar en individuos del mismo clon. Los insectos sociales como las hormigas o abejas presentan formas especializadas entre los individuos que forman la colonia, con funciones bien determinadas.

I.5 La Evolución de los Sistemas Complejos

Propiedades de los sistemas complejos

El paradigma dominante tradicional con relación a la explicación del mundo físico y natural tiene una base mecanicista, derivada de las observaciones simples del mundo físico en el que las causas concretas determinan efectos concretos, cosa típica de la mecánica newtoniana. Las ciencias han concluido que este punto de vista es insuficiente para explicar el comportamiento de la mayor parte de los fenómenos físicos, químicos, biológicos y ecológicos complejos. La mecánica estadística aportó, en el siglo XIX, algunas herramientas para explicar la complejidad desorganizada y hoy la teoría general de sistemas, aplicada a diferentes contextos disciplinares, está intentado explicar la complejidad organizada. La ciencia se esfuerza en comprender los sistemas complejos para después poder predecir su comportamiento y, por último, para conseguir un control sobre ellos a través de la intervención.

La física, la química, la biología y la ecología han desarrollado modelos de sistemas adecuados para explicar los fenómenos que respectivamente estudian en sus propias disciplinas. Los avances han sido importantes en la física y la química, puesto que a menudo manejan sistemas deterministas o casi deterministas, en los que es posible la modelización de la evolución del sistema. En un momento favorable para el manejo de grandes cantidades de información mediante la microelectrónica, la iteración de ecuaciones diferenciales que rigen los sistemas deterministas permite el establecimiento de predicciones. Menos se ha avanzado en la modelación de los sistemas que manejan la biología evolutiva y la ecología, debido tanto a la diversidad de niveles de sistemas que abordan estas ciencias como a la complejidad intrínseca de estos sistemas.

Muchos sistemas y sus modelos de evolución son no deterministas porque a menudo no se conoce la ley o función que rige alguna(s) de las variables, puesto que se trata de modelos muy complicados que presentan un número muy elevado de circuitos de regulación o son modelos en los que interviene una ley de la física de carácter probabilista.[19] Además, en algunos sistemas complejos deterministas los modelos de evolución del sistema en el tiempo presentan un comportamiento no predecible porque presentan una alta sensibilidad a las condiciones iniciales del sistema (esta incertidumbre se manifiesta con el caos determinista)[20].

Se puede resumir la noción de caos como el comportamiento complejo, y en ocasiones impredecible, que se produce en determinados sistemas. El concepto de caos es uno de los aspectos más conocidos de la teoría de los sistemas de dinámica no lineal. La mayor parte de sistemas naturales, desde las células hasta la biosfera muestran esta dinámica, pero también la presentan los sistemas socioeconómicos o el clima de la tierra.

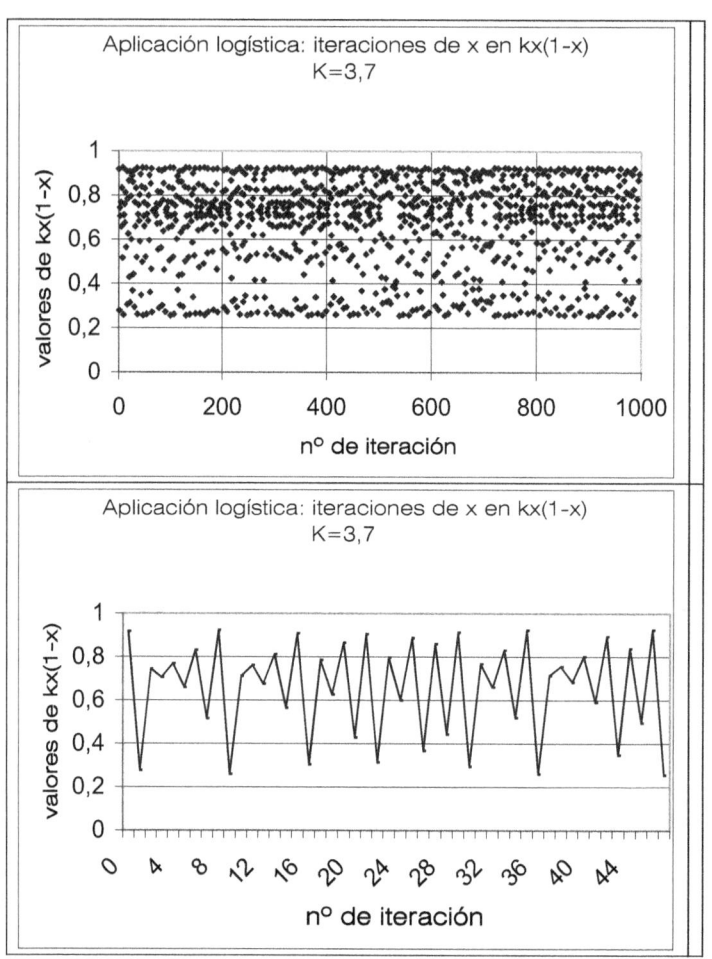

Fig 6: Aparición del caos determinista en una iteración que da lugar a la función logística. Para determinados valores de k aparecen valores periódicos y para otros valores caóticos también.

La complejidad de un sistema depende tanto del número de variables o elementos del sistema (que determina los grados de libertad) como de la riqueza de interconexiones entre los elementos o la dependencia entre las variables. Cuanto más variables o más relaciones más impredecible será su comportamiento en el tiempo y en el espacio. Otra característica importante de los sistemas complejos es su irreversibilidad por la pérdida de simetría con el pasado y el futuro. Los sistemas simples, como un globo lleno de gas, pueden recuperar las condiciones iniciales después de un cambio, con una ganancia o pérdida de energía. Los sistemas complejos precisarían la acumulación de una gran cantidad de información para recuperar las condiciones iniciales, por lo que en la práctica los sistemas complejos evolucionan de forma irreversible (Prigogine, 1980).

Los sistemas son tanto más sencillos si los elementos que los conforman no presentan una memoria histórica. Un electrón o una sal no tienen memoria ya que sus propiedades son independientes del estado que presentaron en el pasado. Una molécula concreta es igual a otra de la misma especie y son totalmente intercambiables. Los sistemas más complicados suelen presentar elementos con un pasado, una historia propia, como es el caso de dos individuos de una misma población del ecosistema que, pueden tener una información genética (y a menudo cultural) distinta y, por lo tanto, ser idiosincrásicos y no intercambiables[21].

La reversibilidad de los sistemas simples cerrados es posible porque éstos tienden a estabilizarse en un estado de equilibrio, tienden a la máxima entropía o desorden, como resultado del segundo principio de la termodinámica. En cambio, los sistemas complejos tienden a estar más organizados, a evolucionar desde la homogeneidad a la heterogeneidad.

La evolución del relieve geográfico nos ofrece un ejemplo al respecto. La actuación de los agentes atmosféricos en un llano da lugar a irregularidades (inicialmente de origen aleatorio) que tienden a acentuarse con el tiempo. Una determinada elevación en el terreno distribuye el aire incidente, conduce el agua de lluvia en determinadas direcciones, produce microclimas y gradientes de humedad diversa según su orientación respecto al sol, en función de las pendientes producidas que, a su vez, inducirán a cambios en la propia elevación y en su entorno próximo. La introducción de energía en este sistema conduce a más complejidad, orden y a una organización, que estaba ausente en el terreno plano.

Desde la formación de la Tierra, hace unos 4.500 millones años, hasta ahora los cambios producidos muestran estas tendencias de evolución: desde lo homogéneo a lo heterogéneo, desde el desorden al orden, desde lo simple a lo complejo y desde la uniformidad a la diversidad. Este comportamiento se debe a que la Tierra se comporta como un sistema abierto que recibe un flujo continuo de energía solar que en parte reirradia hacia el exterior y en parte absorbe, y se comporta entonces como un acumulador temporal de energía. Una parte de la energía incidente se transforma termodinámicamente en trabajo que se manifiestan a diferentes niveles (a través de la formación de estructuras geológicas, a través de las actividades de los seres vivos, mediante los cambios en los ecosistemas, en la transformación continua de las ciudades, en la evolución del sistema ecosocial,...) mientras que la otra parte de la energía incidente se traduce en entropía y desorden en determinados compartimentos, como la atmósfera o la hidrosfera.

La paradoja se produce al valorar que la energía incidente en los sistemas no se traduzca en desorden tal como sucede en los sistemas cerrados. Se ha de decir que un sistema complejo de tipo abierto mantiene su orden u organización porque exporta entropía o desorden a su entorno, como resultado de la disipación que produce la energía entrante. Una ciudad, entendida como sistema, absorbe energía, materia e información del exterior, que transforma internamente a través de determinados procesos para dar lugar a más organización y orden internos. Finalmente, una parte de la energía entrante se exporta en forma de residuos y calor al entorno exterior de la ciudad, que son formas de entropía. En resumen, los sistemas complejos se dedican a segregar la entropía vinculada a la energía entrante desde su interior hacia el exterior. Este funcionamiento se debe a la existencia en el interior de la ciudad (o en cualquier sistema complejo) de procesos disipativos que se dedican a exportar desorden o entropía al exterior. La ciudad, en este sentido, es una estructura disipativa de la energía (y de materia e información) que exporta entropía al exterior. Los sistemas complejos, en general, son estructuras disipativas que mantienen un orden interno alejado del punto de equilibrio termodinámico propio de sistemas deterministas simples y cerrados.

La pregunta clave en todo este tema es descubrir qué tienen los sistemas complejos que hace que se comporten de esta manera. La respuesta básica a la pregunta es que los elementos de estos sistemas mantienen vinculaciones fuertes, dependencias que conducen a resultados muy distintos a los esperables en una relación de causa-efecto. Unas de las relaciones más sencillas son los circuitos homeostáticos de regulación mutua. Un ejemplo de nuestra vida cotidiana de este tipo de circuito es la relación existente entre la temperatura de una habitación y la respuesta del termostato de la calefacción a esta temperatura. El funcionamiento del termostato depende de la temperatura de la habitación e, inversamente, la temperatura depende del funcionamiento del termostato. Este es un circuito llamado cibernético, de retroalimentación o de *feed-back* negativo.

Otros tipos de circuitos o subsistemas se pueden establecer con unas dinámicas cada vez más complicadas que evolucionan en el tiempo en direcciones difíciles de predecir. Así, por ejemplo, en un ecosistema la relación entre tres depredadores que se alimentan de una misma presa da lugar a interacciones difíciles de interpretar. A menudo las relaciones de competencia tienden a simplificarse en un circuito cibernético presa-depredador o en un circuito de competencia más simple, porque desaparecen las otras dos especies o bien una de ellas. Las relaciones entre depredadores pueden complicarse aún más porque establecen nuevos circuitos, con otras presas disponibles por ejemplo, por la emigración de un depredador a otro sistema vecino o incluso por la influencia de un sistema de orden jerárquico superior, de un suprasistema, en el que esté inmerso. Los grandes depredadores, que presentan un área de influencia que abarca distintos ecosistemas, de los que se alimentan, pueden modificar los estados metaestables de alguno de los sistemas que frecuentan y alterar así los circuitos de relaciones inherentes del sistema en el que han intervenido, a modo de control externo. En el sistema se suceden estados metaestables que se mantienen por cierto tiempo y que evolucionan hacia otros estados metaestables (siempre alejados del equilibrio termodinámico). Las perturbaciones (o sucesos del exterior) conducen a una reorganización que lleva a nuevos estados, iguales que los estados iniciales.

De estas consideraciones se desprenden algunas conclusiones importantes. De un lado los sistemas complejos presentan una dinámica compleja, a menudo no lineal, con muchos grados de libertad y de carácter irreversible. Los sistemas complejos presentan una dinámica de desarrollo basada en bifurcaciones de pares posibles de estados porque uno de ellos es el más conveniente (o también como resultado del azar o por que interviene el caos determinista). La concreción de uno de los dos estados posibles conduce a una nueva bifurcación entre dos estados posibles, que serán distintos que si se hubiera tomado la vía alternativa de la primera bifurcación. Por tanto, el desarrollo del sistema es muy sensible a las condiciones iniciales y además son bastante impredecibles los estados futuros, lo que hace difícil el establecimiento de modelos. La secuenciación de elecciones entre pares posibles de metaestados produce una rotura de la simetríatemporal, de forma que las regresiones del sistema, debidas a una perturbación externa por ejemplo, no darán lugar a la recuperación de los estados iniciales. Toda esta serie de cambios conduce a una historia, a un desarrollo del sistema en la dirección de una progresiva transformación a estados cada vez más complejos pero, al mismo tiempo, más bien organizados, que tienen como resultado la persistencia del sistema en el tiempo y en el espacio. Las trayectorias o *paths* posibles para los sistemas están muy abiertos en los sistemas no deterministas, como los sistemas complejos, en los que entran en juego un número importante de elementos. Esta imprevisión se hace manifiesta sobretodo en los sistemas sociales.

El concepto de sucesión en ecología

El estudio de los cambios en un ecosistema definido en un espacio, es decir el estudio de la sucesión ecológica en el tiempo, muestra que un ecosistema no sujeto a perturbaciones tiende a autoorganizarse. Esta mayor organización es el resultado de la canalización de la energía incidente en información o estructura. La certeza sobre la capacidad autoorganizativa de los ecosistemas se ha obtenido a partir de la observación sistemática de los cambios en las características funcionales y estructurales de los ecosistemas que se producen a lo largo del tiempo, tales como la variación del número de individuos en las distintas poblaciones, la organización del espacio, el incremento de diversidad, y el número y los tipos de relaciones tróficas o de la producción de biomasa del ecosistema.

Los cambios en el tiempo son asociables a las poblaciones existentes y se muestran como fluctuaciones en sus efectivos y en los ritmos de actividad que se repiten regularmente. Las fluctuaciones en el número de individuos de una población se manifiestan con cambios en su efectivo poblacional y son atribuibles a las características demográficas propias de la especie considerada (natalidad, mortalidad, etc.), a la influencia positiva o negativa de otras especies (depredadoras, competidoras) y a cambios, regulares o no, del ambiente físico-químico del entorno donde reside esta población. Las fluctuaciones son evidentes en las especies de vida corta como son las especies de ciclo anual, propio de muchos vegetales e insectos.

Los ritmos, por otro lado, hacen referencia a los cambios de actividad, a menudo internalizados, de los organismos de vida más larga que se adaptan a las variaciones regulares de las características del entorno (estacionales, diarias,...). Si tomamos como referencia el ecosistema pelágico propio de las masas oceánicas, el zooplancton (fracción animal del plancton) presenta un ritmo diario de migración hacia el fondo para consumir el plancton que se sedimenta por la acción de la gravedad para subir nuevamente hacia la superficie al amanecer, donde se reproduce activamente el fitoplancton. La caída de las hojas de los árboles caducifolios en otoño es una adaptación regular al cambio de actividad del árbol a la estación fría, que en ciertos casos viene inducido por los cambios del tiempo atmosférico y en otros aparece internalizado por vía genética.

Las fluctuaciones y ritmos se repiten regularmente pero en ciertos casos no se vuelve a recuperar la situación inicial porque o bien las condiciones ambientales o bien la presencia de otras especies han cambiado sensiblemente; se observa entonces una evolución en un segmento del ecosistema que se conoce como microsucesión. La armonización de distintas microsucesiones que se dan en los ecosistemas en periodos de tiempo más o menos largos producen cambios unidireccionales no cíclicos que explicarían la sucesión del ecosistema en su conjunto.

El estudio de la sucesión ecológica ha demostrado que los ecosistemas, en general, tienden a la autoorganización y a una mayor complejidad. Los cambios se pueden estudiar diferenciando por razones prácticas una serie de etapas o fases características. Así, por ejemplo, un campo de cultivo abandonado presenta inicialmente una o pocas de las especies que son mantenidas por las prácticas agrícolas y el uso de pesticidas que eliminan a las especies competidoras de las que se cultivan. La supresión de la actividad agraria y, por tanto, la desaparición de estos controles de origen antrópico permite que especies oportunistas del entorno del campo de cultivo, que son poco exigentes y que presentan una alta valencia ecológica (que son capaces de colonizar ambientes diversos) ocupen el espacio disponible dando lugar a la acumulación. Un buen ejemplo de ello es la biomasa, que altera las condiciones físico-químicas del medio (reducción de irradiación a nivel del suelo, mayor contenido de humedad del suelo, nutrientes disponibles, humus,...). Los cambios inducidos podrán facilitar la colonización por parte de otras especies más exigentes con relación a los recursos y a las características ambientales, que, a su vez, podrán controlar de una forma más eficaz porque presentan nuevas características morfológicas y funcionales más eficaces respecto a los recursos. Su presencia, además, inhibirá la presencia de las especies pioneras de tipo oportunista que se presentaron al principio. Esta serie de cambios se producen en un periodo de tiempo relativamente corto. Las microsucesiones y los cambios en el ambiente físico-químico dan lugar a la sucesión ecológica del campo abandonado.

Por lo que se refiere a las poblaciones colonizadoras, en ecología se suele diferenciar entre estrategas de la r y de la K para distinguir las especies oportunistas propias de los estados iniciales, de la sucesión de las especies que son más abundantes en los últimos estadios. Los términos r y K hacen referencia a la ecuación de Verhulst-Pearl que describe la dinámica del crecimiento de las poblaciones. Según ésta, la velocidad de crecimiento de una población es directamente proporcional a la tasa de crecimiento vegetativo r de esta especie y es inversamente proporcional a la capacidad de carga del medio K, es decir, al número máximo de individuos de la población que puede soportar el medio (por las limitaciones de espacio, alimento, la competencia con otras poblaciones del ecosistema, etc.).

Las progresivas colonizaciones dan lugar a cambios que cada vez son menos frecuentes hasta llegar a una situación de aparente equilibrio (clímax) en el que no se suceden, aparentemente, nuevas colonizaciones, al menos con la intensidad que se daban al principio de la sucesión.

Cerca del clímax es más probable que las poblaciones que se instalen en el ecosistema sean estrategas de la K, mientras que en las primeras fases de la sucesión, las poblaciones que más probablemente colonizan el espacio son estrategas de la r. Los estrategas de la r presentan en general ciclos biológicos cortos basando su dispersión en un número muy elevado de descendientes (con valores de r altos que permiten crecimientos exponenciales muy rápidos) pero también en altas tasas de mortalidad.

CARACTERÍSTICAS	ESTRATEGAS DE LA r	ESTRATEGAS DE LA K
Viven en un biotopo (condiciones ambientales)	variable e imprevisible	constante y previsible
Densidades de población	altas con fuertes fluctuaciones muy por debajo de K (capacidad máxima de carga del medio)	Constante Estable y cercana a K
Competencia intra y ínter específica	variable y laxa	muy acentuada
Desarrollo de la población	rápido, vida corta	lento, vida larga
Número de descendientes (semillas por ejemplo)	alto	bajo, frecuente cuidado de los descendientes o mecanismos aseguradores de la supervivencia o dispersión
tasa de crecimiento r	alta	baja
Tamaño	En general pequeño	En general grande
Reproducción	rápida	tardía
Productividad (producción/biomasa)	alta	baja

Tabla 2: Diferencias entre los estrategas de la r y los estrategas de la K1.

Por su lado, los estrategas de la K presentan un número menor de descendientes ya que de alguna manera se asegura un número importante de supervivientes. También poseen ciclos biológicos largos y ocupan nichos ecológicos por periodos de tiempo largos, a veces definitivos. Sin embargo, pueden ser desplazados de su nicho ecológico si aparece una población que compita favorablemente por los recursos. Cuando el número de cambios de unas especies por otras se reduce, se dice que se ha llegado a la clímax.

El clímax se refiere a la fase terminal de la sucesión caracterizada por una biocenosis (o comunidad de organismos) estable, compleja y muy diversificada (ver Tabla 2. Las especies presentes controlan el ambiente y prevén los cambios mediante la aparición de ritmos, adaptaciones fenológicas (o morfológicas) apropiadas y mecanismos homeostáticos o reguladores de base fisiológica. La biomasa presente en el ecosistema es alta y la productividad se reduce de forma muy importante. De entre los parámetros descriptivos de la sucesión, la productividad, es decir, la relación existente entre producción primaria y la biomasa total del ecosistema es el que mejor define la estabilidad o persistencia del ecosistema, porque las productividades bajas propias de los ecosistemas maduros significan un menor cambio de energía por unidad de masa.

> Cambios estructurales y funcionales más significativos a lo largo de la sucesión de los ecosistemas según la perspectiva holista de sucesión.
>
> 1.- Aumento de la diversidad en especies
> 2.- Aumento del número de nichos ecológicos
> 3.- Aumento del número de relaciones de competencia al principio para reducirse al final.
> 4.- Aumento del número de niveles tróficos complicándose el número de relaciones tróficas y no tróficas entre las distintas especies.
> 5.- La diversificación en especies va unida a una explotación más completa de los recursos existentes.
> 6.- Aumenta la biomasa como resultado de un aumento del número total de nichos. Además estos nichos están ocupados por especies de mayor biomasa.
> 7.- Incremento de la producción pero el cociente producción/biomasa, es decir, la productividad tiende a disminuir ya que la biomasa aumenta para acumularse en estructuras inertes no fotosintéticamente activas (p.e. madera, estructuras protectoras, caparazones, ..).
> 8.- La reducción de la productividad hace reducir la tasa de renovación (aumentando el tiempo necesario para renovar la biomasa del ecosistema). Aparecen especies de vida más larga con un número reducido de descendientes que tienen una mayor supervivencia. La dispersión de semillas por ejemplo no se deja al azar del viento sino que existen procedimientos más seguros como son la participación de insectos y aves en la dispersión. La probabilidad de germinación aumenta y en consecuencia se reduce el número de semillas.
> 9.- El contenido total de información del sistema aumenta tanto por vía genética como por vía cultural. Este aumento de información hace que la energía incidente en el ecosistema, al interaccionar con la materia, de lugar a más orden en vez de desorden o entropía que cabría esperar (contradiciendo el Segundo Principio de la Termodinámica según el cual los sistemas físicos aumentan en entropía con el aumento de la energía incidente).
> 10.- La información preexistente (genética y cultural) se manifiesta en estructuras y sistemas captadores y transmisores de la energía la cual es canalizada a rutas adecuadas.
> 11.- Los ecosistemas maduros son más eficientes porque el aumento de información permite minimizar la dispersión o las pérdidas energéticas.
> 12.- Se sustituyen progresivamente los estrategas de la r por los estrategas de la K.
> 13.- Aumenta la resistencia o adaptación a los cambios ambientales de baja intensidad.
> 14.- Los niveles tróficos superiores del ecosistema maduro explotan los inferiores produciendo su simplificación o rejuvenecimiento para mantenerlos en una fase poco madura. De esta manera se permite aumentar la producción de éstos en beneficio de los niveles tróficos superiores (por ejemplo en la explotación de los productores primarios o vegetales por parte de los herbívoros). A pesar de esto el conjunto de los niveles tróficos se autoorganiza en el tiempo.

Sucesión ecológica y gestión

Se ha dicho que el concepto de clímax es la utopía de los ecólogos (Margalef, 1980), un estado ideal de perfección, un ideal platónico. En realidad todos los ecosistemas sufren cambios más o menos importantes. Su futuro a largo término es más o menos incierto o impredecible. De los factores determinantes de la estabilidad de los ecosistemas, la persistencia de las estructuras o su organización espacial son de los más trascendentes. Esto es evidente con las fluctuaciones que manifiestan las poblaciones de organismos de ecosistemas acuáticos, de forma que no llegan nunca a estabilizarse debido a los cambios de intensidad variable que se producen en las características de su entorno.

Los sistemas que no están sujetos a explotación intensa suelen ser persistentes, y están más o menos estabilizados y, presentan un número reducido de cambios. Sin embargo, cabe decir que la persistencia o estabilidad aparente de los ecosistemas terrestres está relacionada con la percepción humana, limitada a priori a una escala temporal corta si se compara con la edad que presentan algunos ecosistemas terrestres. Los cambios globales y locales de las características del ambiente físico, debidos por ejemplo a cambios climáticos y acontecimientos geológicos, que se han producido en periodos anteriores a la memoria histórica humana, han de poder relativizar esta aparente estabilidad que presentan los ecosistemas terrestres.

Lo más habitual es que los ecosistemas presenten una explotación y perturbaciones de origen natural y antrópico. Delante de las perturbaciones los ecosistemas manifiestan una regresión hacia estadios más o menos alejados del clímax, más o menos importantes en función de la intensidad de los impactos que se deriven. Los incendios, inundaciones, talas, plagas, explotaciones de recursos y la contaminación dan lugar a una simplificación de la estructura y de la complejidad y a un aumento de la productividad. Una vez la perturbación desaparece, el ecosistema puede reiniciar una sucesión de tipo secundario. El destino de la sucesión secundaria suele ser un clímax distinto al preexistente, puesto que los cambios inducidos por las perturbaciones suelen modificar las condiciones del entorno de forma a menudo irreversible.

Esta concepción holista y un tanto vitalista y organicista del concepto de sucesión que hemos analizado está basada en un concepto de clímax como destino final evolutivo de los ecosistemas, concepción que se atribuye a Clements (Terradas, 1986). Una corriente de opinión adversa a esta concepción es la formulada por Gleason, que presenta unas características más reduccionistas. En síntesis, defiende que no hace falta dar demasiada importancia funcional a la biocenosis en tanto que las poblaciones se distribuyen en el espacio con independencia de las otras, como resultado de su propia tolerancia a los factores ambientales y a las características de su ciclo biológico, en resumen, de su ecofisiología.

Gleason transfiere el acento de la comunidad en la sucesión a la ecología de las poblaciones. Considera que a partir de un *pool* inicial de especies, que será bastante parecido al del final de la sucesión, la persistencia de estas especies dependerá de las dominancias relativas determinadas por sus ciclos biológicos, las tasas de crecimiento, las dimensiones máximas de las diferentes especies y de la capacidad relativa en la utilización eficiente de los recursos y del espacio. En definitiva, no existe la facilitación que propugna Clements derivada de la colonización por poblaciones pioneras que modifican las condiciones ambientales iniciales. En esta perspectiva de la sucesión, lo que importa es la tolerancia de cada especie o la inhibición que supone que una especie esté ya presente ocupando el espacio. Con todo ello niega la capacidad autoorganizativa o facilitadora que se atribuye a la sucesión.

Todas estas consideraciones son importantes para la gestión de la naturaleza ya que si se admite la visión clementsiana, cualquier tipo de gestión es inútil y la mejor gestión es la no intervención, dada la capacidad autoorganizativa de los ecosistemas. Esta posición ha sido dominante en determinados movimientos conservacionistas y ha sido criticada por otros, puesto que supone una postura esencialista de raíces platónicas que inmoviliza cualquier intervención posible sobre los ecosistemas (Terradas, 1986).

De hecho, hoy sabemos que los ecosistemas están sujetos siempre a perturbaciones más o menos importantes y que la perturbación y el cambio son características descriptivas propias de los ecosistemas. Este punto de vista se ve además reforzado por el hecho de que la explosión de la población humana viene produciendo cambios ambientales a escala global, como por ejemplo el cambio climático. Los ecosistemas mediterráneos, por ejemplo, han evolucionado paralelamente con la intervención humana a lo largo de muchos milenios. Los fenómenos de origen natural y la gestión del espacio agrario y forestal por parte del hombre del Mediterráneo han moldeado los ecosistemas tal como ahora se presentan. El uso del fuego o la explotación de los recursos han incidido históricamente en la modelación de los ecosistemas mediterráneos.

Derivado de lo expuesto, en ecología se viene utilizando el concepto de tasa de perturbación como un parámetro habitual relativo al conocimiento de los ecosistemas (Terradas, 1986). Por otro lado, siguiendo los criterios de Gleason, se concede cada vez más importancia al conocimiento de la ecofisiología de las poblaciones para dar una explicación a la historia ecológica del ecosistema sin abandonar totalmente la relevancia descriptiva de los caracteres generales del ecosistema de raíz clementsiana. La investigación ecológica se ha dirigido, en los últimos años, al estudio de los ecosistemas forzados o en estrés más que a determinar el ideal climático, acercando de esta manera la ecología a la gestión o, si se quiere, a la tecnología ecológica de base empírica, alejada de ideales inmobilizadores de toda acción posible dirigida a la conservación y a la gestión de los recursos y espacios naturales.

Fronteras entre los ecosistemas, explotación y información

Los ecosistemas adyacentes se encuentran en contacto por discontinuidades espaciales más o menos precisas. En estos contactos o fronteras se producen intercambios de materia y energía, sobretodo si estos ecosistemas presentan un distinto grado de madurez u organización. El balance suele ser favorable al ecosistema más maduro y mejor organizado que, consecuentemente, explota al ecosistema inmaduro.

El resultado de esta relación intersistémica es una explotación del ecosistema inmaduro por el maduro. El primero pierde materia y energía así como organización (aumenta su entropía interna), y tiende a su regresión o a estados de un bajo nivel de organización. Por el contrario, el ecosistema maduro aumenta en organización como resultado de la convergencia de materia y energía, puesto que este exceso permite el aumento de información del sistema. La explotación de un ecosistema por otro sigue el llamado principio de San Mateo (Evangelio 14:25, 3:12 y 25:29) por el cual "Al que tiene se le dará y al que no tiene, aún lo poco parece tener, se le quitará».

Esta tendencia puede ejemplificarse con el hecho de que frecuentemente los herbívoros de ecosistemas maduros (por ejemplo, conejos) suelen alimentarse a partir de vegetales de ecosistemas vecinos (por ejemplo, de un campo de cultivo próximo) de los que extraen materia y energía, y los desorganizan; entran, entonces, en competencia con el hombre (que es el explotador directo del campo de cultivo). La importación de recursos (en forma de materia y energía) al ecosistema maduro puede traducirse, por ejemplo, en una mejor organización de las galerías, en reproducción, en el marcado del territorio, en la defensa de los intrusos (competencia intraespecífica), etc. El exceso de materia y energía que se importa al ecosistema maduro se traduce en una mayor organización y en nueva información. Esto, a su vez, puede favorecer a niveles tróficos superiores que explotan al nivel trófico beneficiado inicialmente.

Una población, entendida como un conjunto de individuos, es portadora de información genética y cultural. La incidencia de un exceso de materia y energía en la población hace aumentar el contenido de información. Por un lado, el aumento de información genética (presente en el ADN de cada uno de los individuos de la población) se debe al hecho de que una mayor cantidad de recursos incide en una mayor reproducción, aumentan de este modo el efectivo de la población y, por tanto, la probabilidad de encontrar individuos con una información genética nueva y crece la diversidad genética. La probabilidad de generación de nueva información, que pueda ser ecológicamente útil, depende del contenido total de información, es decir, del número total de individuos de la población considerada. Si la población disminuye en su efectivo o se extingue se produce una disminución o pérdida total de información genética. Un mayor contenido en información genética facilita la supervivencia puesto que permite la superación de crisis acaecidas por los cambios, por ejemplo, en el ambiente propio de esta población. Esta es una manifestación relativa a la teoría de la evolución.

El término información cultural hace referencia a aquella información que no se transmite de generación, en generación a no ser que produzca un aprendizaje, transmisión que es posible en función del tipo de especies y de su estructura de edades. El número de acontecimientos o interacciones que presenta un individuo con su entorno u otras especies hace aumentar la cantidad de información total disponible. Así, por ejemplo, un ave insectívora que presente un número de contactos elevado con una determinada presa contribuye al aprendizaje de habilidades depredadoras, lo que facilita una más eficiente depredación. Así, el depredador acumula información por vía cultural. La especie presa, por el contrario, aunque no exclusivamente, suele acumular información por vía genética puesto que el contacto con el depredador que permita su supervivencia se deberá a una nueva característica morfológica o fisiológica que, al sobrevivir, permitirá su transmisión a las siguientes generaciones. Esta nueva característica será adquirida per selección natural o, lo que es lo mismo, por la vía genética.

Mucha de la información que se acumula en los ecosistemas no siempre tiene una utilidad aparente en las circunstancias presentes del ecosistema, por lo que da la impresión de que es ruido, en términos de la teoría de la información. Sin embargo, estos contenidos pueden manifestar sus ventajas cuando se produce el cambio. Esta característica de la información da lugar a que sea difícil cuantificar o medir los contenidos de información puesto que no se sabe con seguridad cuándo una información es significativa o si lo será en el futuro para la supervivencia.

La acumulación de información por parte del ecosistema en conjunto se traduce en una aparente parsimonia, como si se tratara de una gran organización burocrática. En los últimos estadios de la sucesión la organización del ecosistema parece ser menos activa puesto que disminuye el número de cambios a medida que se acerca a los estadios de más madurez. De hecho, se trata de una estrategia que permite dar respuesta a las situaciones poco corrientes, pues permite anticiparse a las mismas.

---

[1] Bertalanffy, L. von (1968). *General System Theory. Foundations, Development, Aplications*. George Brazilier, Nueva York. Versión en español: Ludwig von Bertalanffy (1976). *Teoría general de los sistemas. Fundamentos, desarrollo, aplicaciones*. Fondo de Cultura Económica, Madrid.
Ver también Bertalanffy et al. (1978): *Tendencias en la teoría general de sistemas*. Alianza Universidad. Alianza Editorial, Madrid.
[2] Ver "Historia y situación de la teoría general de sistemas" en Bertalanffy et al. (1978). *Tendencias en la teoría general de sistemas*. Alianza Universidad, Alianza Editorial, Madrid.

[3] Ver Lucas, Cris (1997). *Self Organizing Systems*, lección 4. http://platon.ee.duth.gr/~soeist7t/Lessons/lesson4.htm

[4] Citado por F. Heylighen en «*What is de complexity*». http://pespmc1.vub.ac.be/COMPLEXI.html.

[5] Existen dos corrientes bien antiguas en ecología en relación con la sucesión ecológica en los ecosistemas terrestres. La primera presenta un carácter reduccionista e interpreta que lo realmente importante es saber qué especies ocupan primero un lugar, la dominancia relativa de unas especies respecto a otras y la adecuación de su ciclo biológico y de su ecofisiología a las condiciones físico-químicas de su entorno. La segunda corriente utiliza una perspectiva holista o general de naturaleza sistémica y se fija en la evolución de las características macroscópicas del ecosistema (diversidad, biomasa, tasa de renovación,...). En esta discusión se utiliza este segundo punto de vista. Para ampliar el conocimiento de este debate ver Terradas, J. "Aspectos conceptuales sobre la dinámica de los ecosistemas terrestres" en *Bases Ecològiques per la Gestió Ambiental*. Pp. 9-12, Diputació de Barcelona, 1986.

[6] Ver Schwarz, Eric.(1996) "Toward a holistic cybernetics. Form science through epistemology to being", en *Cybernetics and human knowing*. Aalborg,.

[7] De Varela, Thomson y Rosch (1991) citado por Randall Whitaker en *Aupoietic Theory* (1996) http://platon.ee.duth.gr/~soeist7t/Lessons/lesson3.htm.

[8] Tomado de Theodosius Dobzhansky en la revisión sobre este tema realizada por Brig Klyce. Esta se puede consultar en http://www.panspermia.com/seconlaw.htm.

[9] En biología el fenotipo se entiende como la manifestación exterior del genotipo modulado por el ambiente.

[10] Los escritos de Stephen Jay Gould, Lynn Margulis, Dorian Sagan o Richard Dawkins están en esta línea de argumentación.

[11] John Stewart (2000): *Evolution's arrow: The direction of evolution and the future of humanity*. The Chapman Ed.

[12] Firestone, D."Suburban Comforts Thwart Atlanta's Plans to Limit Sprawl" en *New York Times*, 21/12/1999. Artículo extraído de http://www.gyford.com/phil/uhcl/systems/examples.html.

[13] El término entropia en su sentido termodinámico, fué formulado por primera vez por Clausius en 1865. En 1890 Ludwig Boltzmann introdujo el concepto de entropía estadística que ampliaba su aplicación a sistemas físicos no estrictamente termodinámicos. La entropía estadística es una medida del nivel de desorden o del azar existente en un sistema cerrado. Posteriomente esta acepción del término ha sido aplicada en otros campos, como la teoría de la información, la cibernética o la ecología, etc. Para distinguir el concepto termodinámico de entropía en estos campos se suele categorizar el término con adjetivos como "lógica" o "estadística".

[14] En el cero absoluto de temperatura (a 0 grados Kelvin o a - 273ºC) la energía cinética media de las moléculas de un gas es cero. A 25ºC un mol de cualquier gas presenta una energía cinética media de unos 3.702 joules. Boltzmann llegó a la conclusión que un aumento de 1 grado de temperatura de cualquier gas daba lugar a un aumento de la energía cinética de una molécula del gas del orden de $1,38 \cdot 10^{-23}$ joules/ºk. Este valor se conoce como la constante de Boltzmann, que se representa mediante la letra k.

[15] La mayor parte de autores niegan hoy en día tal contradicción argmentando que nada en el universo puede violar tal principio. Ver los comentarios de Brig Klyce en http://www.panspermia.com/seconlaw.htm

[16] Ver Bertalanffy, L. von (1968). *General System Theory. Foundations, Development, Aplications*. New York. George Braziller. pp. 30-53.

[17] Flos, J. y Gutierrez, E.(1995): "Caos en ecologia: alguna cosa més que un argot?" en *Ordre i caos en Ecologia*. Col Esdudi general. Ciències experimentals i matemátiques nº6. Publicacions de la Universitat de Barcelona.[18] Heylighen, Joslyn, Turchin: "Introduction to principia cibernetica" en http://pespmc1.vub.ac.be/intro.html.

[19] Ver Simó. C en *Ordre i Caos en Ecologia*. Col. Ciències Experimentals i Matemàtiques nº6. Publicacions de la Universitat de Barcelona. Barcelona, 1995.

[20] La iteración en la función x ç k·x·(1-x) que da lugar a la conocida curva logística (típica del crecimiento de una población en un espacio limitado) presenta un comportamiento caótico cuando se ensayan determinados valores de k.

[21] Ver Flos, J. en *Ordre i Caos en Ecologia*. Col. Ciències Experimentals i Matemàtiques nº6. Publicacions de la Universitat de Barcelona. Barcelona, 1995.

II   Sistemas y arquitectura

II.1 Una aproximación al Diseño como Sistema

La evolución de la arquitectura se puede interpretar a partir del concepto del diseño arquitectónico como sistema cultural complejo y autoregulado[1]. El estilo arquitectónico no es más que una propiedad emergente de este sistema. Se trata de un constructo derivado de un proceso de comunicación, intercambio y selección de una amplia y compleja red de conocimientos y experiencias que se produce entre los arquitectos en unas condiciones de contorno. En este sentido, las arquitecturas del pasado, el movimiento moderno o el postmodernismo, son el resultado no tanto de la actividad individual de arquitectos genios sino del ambiente cultural de cada época, de los factores sociológicos, tecnológicos e ideológicos dominantes en cada momento histórico.

La plasmación física de este constructo se evidencia a través de los tipos arquitectónicos dominantes, que se manifiestan en edificios similares respecto a su concepción y estilo arquitectónico. El estilo es el resultado de la combinación y selección de un bagaje acumulado de estilos preexistentes y, por tanto, tiene un carácter evolutivo. Esto permite al arquitecto no empezar siempre de cero; por lo tanto, la utilización del bagaje acumulado permite economizar energía en el proceso de diseño. El estilo es una combinación de una amplia gama de características no necesariamente conexas: geometrías, volúmenes, texturas, decoración, conectividad de elementos, ubicación en el contexto espacial, articulación de elementos, color, características que se encuentran convenientemente ponderadas en un edificio en un algoritmo o *pattern*. El resultado, el diseño concreto, sin embargo, es particular puesto que cada proyecto presenta un contorno ambiental característico y único. Este resultado se encuentra enmarcado, no obstante, en un paradigma estilístico o metaestilo dominante, paradigma que se genera colectivamente y que condiciona lo que es adecuado o no hacer en arquitectura.

En cada momento se produce una dominancia de determinadas características del estilo. Asimismo, la innovación es posible a partir de nuevas combinaciones no ensayadas anteriormente y que se imponen porque tienen éxito entre los arquitectos y usuarios. Las innovaciones constituyen un nuevo patrimonio que forma parte del constructo colectivo, que pervivirá o no en el futuro en función del contexto y del discurso dominante. Por tanto, la evolución de la arquitectura no debe ser entendida como una evolución en un *continuum* sin sobresaltos. El éxito de determinadas innovaciones puede dar lugar a cambios más o menos radicales que se reconocen en la historia de la arquitectura.

En este proceso constructivo de combinación y selección la influencia de unos arquitectos sobre otros, la comunicación profesional, es del todo transcendente. En el marco de la teoría de sistemas se produce una replicación de los estilos y de los tipos porque éstos están bien adaptados al entorno sociocultural. Más adelante se argumenta que la teoría memética permite dar explicación al fenómeno de combinación, selección y comunicación de la información en los sistemas sociales. Otros sistemas, como los ecosistemas, presentan fenómenos similares. Una población está formada por individuos casi similares con diferencias genéticas que permiten la selección y la implantación de nuevas estrategias de supervivencia si las circunstancias ambientales cambian. La información genética constituye una biblioteca con unos contenidos que se manifiestan o no en función de las circunstancias.

Todas estas consideraciones apoyan el argumento de que el estilo arquitectónico y, por tanto, el diseño es una concreción de un constructo colectivo y acumulativo condicionado por un contexto histórico y cultural. Así, la diversidad de tipos arquitectónicos que pueden observarse en la ciudad europea es una representación de la evolución de los estilos dominantes en cada época. Dentro de cada estilo se pueden reconocer variedades derivadas de las amplias posibilidades de articulación de las características que conforman el estilo arquitectónico en coherencia con la tipología dominante de cada época.

Límites y progresos

Se puede reconocer la existencia de una tensión entre la validez de conceptos generales aplicables a distintos sistemas, que se formula desde la teoría general de sistemas, y la tradición propia de desarrollo disciplinario de las ciencias y las profesiones. Según esta perspectiva, la ciencia, las disciplinas y las profesiones se desarrollan en un contexto histórico que las condiciona.

Asimismo, los que pretenden entender cómo cambia el conocimiento sólo a partir de postulados de naturaleza empírica realizan una tarea estéril. Las ideas reconocidas en la ciencia y en las profesiones lo son como resultado de la autoridad de personas valoradas en un marco institucional científico o profesional. La teoría general de la dominación introducida por Max Weber en la sociología rige entonces la adecuación de las ideas de las comunidades científicas o profesionales en cada momento histórico, de forma que estos grupos de referencia constituyen los voceros reconocidos dentro de la profesión. En definitiva, la política académica rige el desarrollo de las disciplinas y las profesiones y estabiliza el conocimiento en los márgenes de lo colectivamente aceptable[2]. Sin embargo, y afortunadamente, dentro de una disciplina o profesión coexisten distintas instituciones o grupos diferenciados entre los que se establece una competencia con relación a los conceptos, teorías y prácticas que son válidos en la disciplina o en la profesión, ideas propugnadas por figuras autorizadas en cada grupo y que, a su vez, acogen a científicos y profesionales afines a sus planteamientos. Esta diversidad y competencia permite el progreso intelectual evitando el monismo inmobilizador. Entre los distintos nichos ecológicos de colegios reconocidos y de colegios invisibles se establece una relación de competencia que, con el tiempo, producirá un cambio histórico que se resolverá en un sentido u otro.

Desde esta perspectiva, es de interés contemplar cómo la teoría general de sistemas y los conocimientos y aplicaciones de los sistemas en la esfera social y profesional han de ir tomando posición en este campo del saber práctico que es la arquitectura. La utilización de una perspectiva sistémica no es en absoluto contradictoria con la arquitectura de los grandes arquitectos del pasado. Al contrario. A nuestro entender éstos aplicaban, unas veces de forma intuitiva y otras de forma sistemática, una gran gama de conocimientos, que comprendía desde la política a las matemáticas pasando por un profundo conocimiento de la sociedad, de la economía, de la ciencia, del derecho, de la ética y, en general, de los conceptos y creencias de cada momento histórico.

Lo que se pretende con la defensa de una perspectiva holística en la profesión es contribuir a esta forma de entender la arquitectura. Tal como sugiere Gerald M. Weinberg[3], la teoría de sistemas es un intento de ayudar a la mente humana a habérselas con un mundo demasiado complejo. La buena obra arquitectónica sólo es posible a través de un análisis suficiente de las fuerzas naturales y sociales del contexto histórico y ecológico, y la sistemacidad de la teoría de sistemas permite tal análisis. Las posiciones que lo evitan y fundamentando sus decisiones en tendencias estético-formales establecidas han dado lugar a resultados arquitectónicos bien cuestionables y a una reflexión ética de consecuencias políticas sobre el para quién y el para qué de la obra arquitectónica.

Esta debilidad es la que expone a la crítica a las instituciones dominantes que a lo largo del siglo XX han desarrollado la arquitectura moderna y, además, constituye en sí misma el mecanismo que permitirá la evolución hacia otros estadios. En el fondo de esta discusión cabe añadir, tal como formula Stephen Toulmin[4], que las instituciones científicas y profesionales ejemplifican los principios e ideales más profundos sobre los que reposa el poder político. Afortunadamente, el poder político y las instituciones pueden entonces reconocer la existencia de una pluralidad para evitar el monoteísmo no sólo como una forma abierta de entender el progreso del conocimiento sino también, por qué negarlo, como un mecanismo que permite la permanencia en el poder, previniendo situaciones cambiantes o de relevos drásticos en el campo disciplinario o profesional de que se trate.

II.2 La Naturaleza Mixta Cultural y Material del Sistema Arquitectónico

En el fondo de esta dialéctica se encuentra la teoría de la dinámica cultural[5] puesto que la arquitectura es una práctica social y un proceso cultural, una expresión que concreta el significado social de lo que la gente entiende que ha de ser una casa, una vivienda, un barrio o una ciudad.

La introducción progresiva de conceptos ecológicos en el discurso de la sociedad actual es un hecho, al menos para determinados foros sociales. Diversos factores conducen a esta interiorización: los medios de comunicación, internet, la manifestación externa del cambio global que deriva de la crisis ecológica, la educación ambiental y los intercambios sociales con relación a estos temas. Estos medios están modulando nuevos significados sociales, nuevos significados de lo que es deseable en el futuro, un nuevo discurso de un verde más o menos intenso. Estos nuevos significados están reorientando la actividad de los arquitectos, como también de los políticos y de otros profesionales, al introducir en su discurso arquitectónico elementos de conservación y respeto al medio ambiente. Por tanto, los discursos interpretativos en muchas disciplinas están incorporando los factores materiales asociables al contexto ecológico como contexto material.

Así, toda actuación que se desarrolla en la sociedad está vinculada a dos tipos de relaciones, unas de naturaleza semiótica y otras de naturaleza material. Las primeras, más bien conocidas, derivan del significado de la actuación en un contexto social determinado, contexto en el que se contrasta la significación de la actuación en relación con otras prácticas sociales. Así, un proyecto puede o no se aceptado en función de su coherencia con lo que es, en función de si es social y políticamente admisible o deseable en un contexto social y en un momento histórico determinados. El segundo tipo de relaciones vinculadas a la actuación tienen que ver con las consecuencias materiales de ésta, con los intercambios de energía, materia e información con otros eventos y contextos, en definitiva, en relaciones de orden físico, químico y ecológico.

La simultaneidad de los tipos de relaciones es obvia en la obra arquitectónica y en la planificación urbanística y del territorio. En un proyecto de nueva construcción, el estilo arquitectónico viene modulado en unos casos o determinado en otros, por un sistema de prácticas sociales que presentan un discurso histórico y cultural, que incorpora lo que la gente entiende que es un buen lugar para vivir: en definitiva, por la semiótica de la arquitectura. Las decisiones que se toman con relación a la concreción de las instalaciones y a las tecnologías asociadas a éstas, tienen su base en principios físicos y químicos, pero su posible implantación y plasmación viene filtrada por el discurso social, en el orden de los significados. En este sentido se entiende la gran profusión de arquitectos «ecológicos» que se viene observando en los últimos años que responden a menudo a objetivos de naturaleza comercial. Éstos, de hecho, están incorporando en sus diseños, como un elemento significativo aislado, la imagen social del discurso de lo que debe ser una arquitectura «ecológica» a través de la implantación de medidas técnicas, por ejemplo de naturaleza bioclimática, o por la incorporación de sistemas de captación de energía renovable en los tejados de las casas. Estas mejoras sin más tienen una significación retórica si no se consideran de forma sistémica las implicaciones de la construcción en el orden más amplio de lo ecológico y lo social.

Por otro lado, la naturaleza material del proyecto arquitectónico se concreta en los flujos de energía, de materia y de información. Son manifestaciones de estos flujos las importaciones de materiales (de construcción) y de energía (la energía necesaria en la construcción y el mantenimiento de la vivienda a lo largo de la vida útil del edificio) y las importaciones de información a través de la forma o estructura de la vivienda, un contenido que no es sólo semántico, en tanto que la forma y estructura modifican el entorno (a través de los impactos o de su huella ecológica).

Los procesos de remodelación urbana de zonas degradadas, típica de los centros urbanos históricos de las ciudades europeas, presentan también esta doble dimensión dialéctica y material. De un lado, el planificador habitualmente propone en función de actitudes y valores implantados en lo social, en la política o, en contextos poco democráticos, en las élites del poder dominantes; propuestas que suelen ser coherentes con la significación de otras prácticas sociales al uso (de otros marcos de decisión), que están sometidas, a su vez, a estos análisis de significación y coherencia. Por lo que se refiere a la naturaleza material, en tanto la propuesta urbanística se lleva a cabo, se producen cambios de orden físico-químico y ecológico que suponen un intercambio de materia, de energía y de información con el entorno, ya sea en la misma ciudad como en su periferia próxima, o más alejada (más y más alejada en los actuales momentos de globalización de la economía y de la información). Por ejemplo, la materialización de un intercambio de información resulta de la implantación de nuevas tecnologías derivadas de la domótica o de la incorporación de materiales de construcción que, a su vez, han dado lugar a impactos ambientales en el territorio.

Estos dos sistemas de relaciones, que aparecen inicialmente como independientes, resultan ser fuertemente dependientes. Ya se ha dicho que la obra arquitectónica es una concreción en el mundo físico de la dialéctica de significados. Y, a su vez, los cambios en el entorno físico, los cambios materiales en el entorno o la concreción física de la obra, conducen a la construcción de nuevos significados en función de la adecuación o no del proyecto a las expectativas. Por tanto, la vinculación de ambos tipos de relaciones, las de orden semiótico y las de orden material, conducen a la emergencia de un sistema más amplio, al sistema ecosocial[6].

Este sistema resulta estar organizado jerárquicamente en diferentes niveles que comprenden dimensiones espacio-temporales variables, ya que en cada nivel se descubren fuertes conexiones o engarces homeostáticos entre ambos tipos de relaciones, las de tipo material y las de naturaleza semiótica. Asimismo, se producen interacciones entre los niveles inmediatos. Para cada nivel y entre ellos, los cambios en un ámbito pueden producir efectos sorprendentemente intensos en el segundo y viceversa. Las propiedades y la dinámica de los dos conjuntos son las mismas y, por tanto, son integrables en un mismo sistema. Por otro lado, en cada nivel, se descubren propiedades emergentes del sistema, como por ejemplo la capacidad de autoorganización o, en los términos de Valera y Maturana, capacidad de autopoyesis.

Sin embargo, debido a un desarrollo histórico independiente, los dos tipos de relaciones o subsistemas, la semiótica y los sistemas complejos de naturaleza física y biológica, se han analizado y descrito independientemente mediante discursos académicos diferentes. La progresiva unificación derivada del conocimiento que se vaya adquiriendo sobre su dinámica conjunta permitirá dar sentido, interpretar adecuadamente y predecir los resultados de una gran variedad de actividades humanas, entre ellas, la arquitectura y el urbanismo.

Las implicaciones de este nuevo paradigma que unifica el mundo físico y lo social trascienden a un plano ético. El pensamiento occidental tradicional (enraizado en la llamada tradición judeocristiana) presenta unas bases ideológicas de clase dominante centradas en un hombre espiritual y superior señor de la Tierra, creado a la imagen de Dios todopoderoso, ajeno al mundo físico y que en todo caso utiliza para su provecho; esta relación de dominancia se expresa no sólo en una explotación de una naturaleza infinita sino también del hombre por el hombre (y de la mujer), de los animales y las cosas.

La aceptación de un modelo así aplicado a este contexto depende de la convicción que se tenga con relación al concepto de obra arquitectónica como sistema. Las máquinas y otras obras de ingeniería han podido ser modeladas de forma determinista mediante ecuaciones que describen las relaciones existentes entre los elementos. En el otro extremo los sistemas naturales, desde las células a los ecosistemas, presentan también una organización sistémica, en este caso más compleja, en la que se establecen parámetros para interpretar su funcionamiento y evolución. En el contexto de estos sistemas se manejan conceptos como el de entropía, información, flujo de energía, autoorganización,... que tienden a ser definidos cualitativa y cuantitativamente.

La obra arquitectónica como un sistema se debe entender como un caso particular de sistema relacionado íntimamente con un sistema social más amplio. La obra arquitectónica incluye no sólo los elementos físicos, funcionales y estructurales de la obra sino también el proceso social e individual implicado en su diseño y en su uso posterior.

La amplitud de este marco implica un conjunto de conocimientos propios de, al menos, la psicología, la sociología o la semiótica. Por tanto, se trata de un sistema muy complejo que difícilmente se entenderá en su totalidad igual que no se entienden completamente los sistemas estrictamente naturales. Sin embargo, esta constatación no debe coartar los intentos para modelizar este sistema, aunque sea de forma parcial, en un marco constructivista del conocimiento. Los logros teóricos de una teoría de la arquitectura basada en una concepción sistémica de la naturaleza y la sociedad irán poniendo las cosas en su sitio al igual que sucede y ha ocurrido en otros campos disciplinarios.

Uno de los aspectos problemáticos de cara a entender la obra arquitectónica como sistema se relaciona con el diseño y evaluación de ésta. La pregunta básica es si se pueden establecer conexiones entre cantidades basadas en medidas derivadas de un método científico y las calidades estéticas de la obra, puesto que ésas últimas dependerían de las valoraciones subjetivas de los individuos. O, formulado de otra manera, la valoración estética es una característica idiosincrásica y única para cada individuo o bien es un constructo cognitivo individual enmarcado en una formación semiótica de naturaleza social e histórica.

II.3 El Sistema Ecosocial como Contexto del Sistema Arquitectónico

En el contexto de los sistemas complejos Jay L. Lemke, físico teórico que se ha dedicado al estudio de la semiótica y de la educación en el Brooklyn College de la City University of New York, ha propuesto el concepto de sistema ecosocial Change»[7]. Esta perspectiva permite integrar las prácticas sociales en un contexto ecológico considerando estas prácticas como el resultado de una negociación de significados de naturaleza semiótica.

Jay L. Lemke propone que los sistemas humanos socioculturales son esencialmente sistemas de prácticas sociales ligadas a formaciones semióticas de naturaleza histórica y cultural en las que las prácticas sociales toman un significado. Además, son procesos de base material en un sistema ecosocial complejo, sistema que está jerárquicamente organizado. El desarrollo de los procesos-prácticas sociales dan lugar asimismo al desarrollo y evolución del sistema ecosocial. Las relaciones dialécticas que se producen entre los engarces materiales y los contenidos semióticos de estas prácticas/procesos constituyen la base de una dinámica ecosocial general.

Definido por extensión, el sistema ecosocial comprende tanto la comunidad humana y sus interacciones internas como los elementos materiales con los que el hombre está relacionado de una manera u otra.

El conjunto material está conformado por un amplio conjunto de elementos propios de los ecosistemas naturales con los que el hombre está relacionado y con los que ha coevolucionado (alimentos, parásitos, organismos simbiontes, microorganismos y la red de organismos interdependientes) así como los flujos de materia y energía implicados en estas relaciones. También son considerados como elementos materiales del sistema ecosocial, los artefactos que el hombre produce a partir de recursos naturales y los espacios con los que el hombre interacciona a través de sus actividades sociales y productivas, como son los edificios, las ciudades, las herramientas, las infraestructuras, los campos de cultivo, y la flora y fauna. Por interacciones derivadas de las prácticas y procesos sociales se entienden asimismo grandes sistemas terrestres de gran escala como los flujos de nutrientes en el mar, la circulación atmosférica o la radiación solar incidente.

Un aspecto muy trascendente del sistema ecosocial es también el flujo de información, flujo mediatizado por una dialéctica de significados, que condiciona diversas organizaciones sociales como son la educación, la política, los conflictos, la producción de recursos materiales y culturales, el consumo o la producción de residuos sólidos, líquidos y gaseosos.

Vista toda esta descripción se ha de considerar, sin embargo, que la organización y dinámica del sistema ecosocial se desarrolla no tanto a partir de sus elementos sino a través de sus procesos y las dependencias y interrelaciones de estos procesos (procesos de producción, comunicación, depredación, intercambio, consumo,...).

El sistema ecosocial presenta una dinámica social no separable de la dinámica propia del conjunto material descrito y esta dinámica se rige inicialmente por las propiedades que se atribuyen al resto de los sistemas complejos. El comportamiento y la evolución del ecosistema social viene modelado, sin embargo, por un segundo nivel de organización en el que los procesos materiales y las prácticas sociales se establecen en función de las relaciones de significado social de naturaleza semiótica.

El sistema ecosocial considerado genéricamente se manifiesta concretamente en sistemas específicos del mismo tipo y naturaleza, que se desarrollan en distintos lugares o momentos históricos. Estos sistemas deben ser considerados como sistemas equivalentes a los ecosistemas puesto que, como éstos, son complejos, abiertos, dinámicos, disipan energía y presentan capacidades de autoorganización, de desarrollo y de evolución. Se trata también de sistemas epigenéticos, en tanto que presentan un comportamiento bastante predecible. Presentan, además, una organización jerárquica, de forma que los sistemas vienen regulados por su entorno (por el supersistema en el que están inmersos), supersistema que resulta ser bastante estable y adaptable hasta cierto punto a los cambios que se producen en el subsistema subyacente. Internamente, los sistemas ecosociales no son homogéneos sino que presentan una estructura en mosaico, con partes o subsistemas del sistema ecosocial que se encuentran en distintos niveles de desarrollo, con una composición y unos patrones de relaciones diferentes característicos de estos estados.

La dinámica de las prácticas sociales

A través del lenguaje se construyen las relaciones de significado que enlazadas entre sí dan sentido a las prácticas o procesos sociales en el marco de una formación semiótica. Así, las formaciones discursivas construidas con el lenguaje guían las prácticas sociales de las actividades sociales, de la arquitectura, de la agricultura o de la industria, entre todas las demás. Dentro del sistema ecosocial el lenguaje juega un papel parecido al código genético ya que tanto el lenguaje como el ADN son los instrumentos básicos de expresión de la información. Esta, en definitiva, se manifestará en el sistema ecosocial ya sea como procesos materiales o como significados que, cuando finalmente se concretan las prácticas sociales, se expresan también como procesos materiales.

La teoría de los discursos culturales como formaciones semióticas sociales[8] proporciona la base del modelo de una teoría general sobre las formaciones sociales. La semiótica social destaca que tanto los signos como las acciones y las prácticas sociales presentan una naturaleza semiótica. Este conjunto de recursos semióticos conforma la cultura de una comunidad. En este sentido, las culturas son sistemas sociales semióticos de naturaleza dinámica, donde se manifiestan un conjunto signos, hechos y prácticas sociales que van cambiando con el tiempo.

Desde cada práctica social emergen signos o sistemas de signos (como recursos semióticos) que permiten concretar una forma de proceder, de determinar acciones significativas (incluidas la palabra y las declaraciones). La forma más habitual de desarrollar estas acciones significativas en un contexto o una comunidad de interés común es mediante una formación semiótica adecuada a ese contexto. Cada formación semiótica reúne los patrones de recursos semióticos que una comunidad considera como adecuados o convenientes según su tradición histórica y cultural. Así, por ejemplo, un estilo arquitectónico y un tipo de construcción asociado es el resultado de la utilización de una formación semiótica que conlleva un sistema de signos, acciones y prácticas coherentes con lo que la profesión, la política y los miembros de la comunidad implicados entienden que debe ser la arquitectura y una casa para vivir. Un ritual religioso reúne asimismo unos patrones de signos, actos y declaraciones que tienen su sentido en el contexto en que se producen y no en otro contexto y, por tanto, constituye una formación semiótica específica.

Cada formación semiótica posee un patrón característico de signos, de acciones que se deben seguir y de prácticas sociales que son significativas y adecuadas en el contexto para los miembros de la comunidad implicados. Las formaciones discursivas o los discursos son también formaciones semióticas en los que toman un papel predominante los recursos lingüísticos vinculados a otras formas de expresión como el gesto o los recursos gráficos. La concreción gráfica de un proyecto arquitectónico en un plano constituye un recurso semiótico discursivo tan importante como la descripción oral o escrita del proyecto, en tanto significa la síntesis gráfica del discurso del arquitecto. En las formaciones discursivas la organización y la secuencia en la presentación de las ideas representa un estilo o género característico en cada contexto.

La utilidad de las formaciones semióticas es doble. De un lado supone un nivel de análisis que se sitúa en un plano intermedio entre los fenómenos microsociales (actuaciones, textos, declaraciones,...) y los macrosociales (dialectos, instituciones, clases y ideologías), y que permite su interconexión conceptual. De otro, porque el carácter dinámico que tienen las formaciones semióticas permiten describir las relaciones entre lo micro y lo macrosocial en clave de acciones determinadas o de hechos (o procesos) independientemente de los individuos o las instituciones que los ejecutan, que resultan ser instancias variables y substituibles.

En los ecosistemas se puede describir analogías de lo que se viene diciendo, relativas a este doble carácter intermediario de sus entidades entre los niveles microscópico y macroscópico. En ecología se dice que un conjunto de especies pertenece al mismo tipo ecológico si presentan funciones ecológicas parecidas o bien unas u otras pueden ocupar indistintamente el mismo nicho ecológico de un ecosistema determinado. Cabe destacar que esta definición hace referencia a una estructura funcional, el nicho ecológico, que se define para cada una de las poblaciones del ecosistema, independientemente de si este nicho está ocupado por una u otra población. Con esto no se quiere decir que la ecología no se interese por saber qué especies concretas ocupan los nichos, aspecto bien estudiado por la autoecología, sino que a un nivel general u holístico, la teoría ecológica prescinde de estos detalles a no ser que sean necesarios o para ilustrar una determinado fenómeno de carácter general. Asimismo, cuando se citan los niveles tróficos de un ecosistema (productores primarios, herbívoros, carnívoros y descomponedores) se hace referencia a niveles o entidades que ejercen una función ecológica, la de hacer fluir y disipar la energía y mover la materia en el ecosistema, independientemente de si se trata de un lago donde los productores primarios son algas o se trata de un bosque donde esta función la realizan básicamente los vegetales superiores.

Los sistemas sociales no son homogéneos ya que en éstos conviven distintos grupos sociales, complementarios y en conflicto, que presentan distintas ideologías y valores que evidencian una heterogeneidad organizada. Cada grupo presenta unas formaciones semióticas características que dan lugar a discursos y recursos lingüísticos diferentes, los cuales hacen evidente el fenómeno conocido como heteroglosia. Asimismo, esta diversidad se traduce en diferentes actuaciones o prácticas sociales características (heteropraxia). El surgimiento de movimientos opuestos a las consecuencias negativas de la globalización de la economía o el movimiento denominado «okupa», opuesto a que la propiedad privada pueda condicionar el derecho a la vivienda digna, se concretan en grupos sociales que muestran formas de expresión y prácticas sociales diferentes de las que se producen en otros grupos sociales. El conjunto de grupos sociales y sus formaciones semióticas configuran el sistema cultural que presenta una naturaleza dinámica. Este sistema forma parte del sistema ecosocial como un nivel de sistema más amplio que incluye otros procesos materiales.

Diversos fenómenos descritos con relación a los sistemas en general se hacen evidentes en el sistema ecosocial. Una de las tendencias es la diferenciación según la cual un sistema aumenta en complejidad porque sus partes se diferencian en el tiempo o en el espacio. Los fenómenos de autotala que se observan en las últimas fases de la sucesión, en los ecosistemas terrestres, tienen como resultado que unas partes del sistema se diferencien de las otras dando lugar a un mosaico de patrones que presentan distintos estados de madurez. Este fenómeno es patente también en el sistema ecosocial, donde determinados grupos sociales hacen progresar una diferenciación semántica de forma progresiva utilizando nuevos recursos lingüísticos, nuevas palabras o palabras existentes con significados alternativos, nuevas prácticas y estilos de acciones y, en definitiva, nuevas formaciones semióticas alternativas a las existentes en el sistema. Esta diferenciación del sistema ecosocial implica una rotura de la simetría del sistema, tal como ocurre en otros sistemas, produce más complejidad y da lugar a un aumento del contenido de información del sistema.

Los sistemas ecosociales están organizados jerárquicamente no en el sentido de la jerarquía derivada de la autoridad de las organizaciones sociales sino en referencia a la tendencia de los subsistemas a integrarse en un supersistema o metasistema que ejerce un control y que cambia más lentamente. Los sistemas ecosociales son de naturaleza material y presentan unos intercambios de materia, energía e información, tanto a nivel de los procesos materiales destinados a la producción de bienes como en las prácticas sociales que se producen en el contexto de una formación semiótica. Estas formaciones condicionan asimismo el tipo de relaciones que el sistema ecosocial establece con el mundo físico y, por tanto, su comportamiento ecológico. La fuerte vinculación entre estos aspectos materiales y sociales permite definir un sistema único que, en definitiva, está sumergido en un entorno material o metasistema más general que controla al sistema ecosocial.

La comprensión por parte del sistema ecosocial de la fuerte dependencia de éste respecto al nivel jerárquico superior del metasistema es fundamental para que las formaciones semióticas, que se traducen en prácticas sociales determinadas, incorporen nuevos significados relativos a la dependencia del sistema ecosocial con relación a su entorno. Estos cambios darían lugar a una nueva cultura de relaciones de significados como resultado de la mutación de las formaciones semióticas basadas en un nuevo género de prácticas sociales (y materiales) en el mosaico de los distintos grupos sociales, objetivo que parece ser fundamental en un momento de cambio ambiental global. En todo caso, el metasistema, antes o después, ejercerá el control sobre el subsistema ecosocial estableciendo nuevas relaciones con éste, lo que dará lugar a nuevos metaestados de este sistema ya sea en la dirección de regresión o en la de la reorganización.

Estos planteamientos referidos a los cambios de la cultura respecto al tipo de relaciones que establece con el sistema parecen indicar un control del subsistema ecosocial desde dentro hacia afuera. Este control desde dentro no es posible, porque los sistemas jerárquicamente organizados presentan grandes diferencias de escala entre los distintos niveles. Sin embargo, la comunicación entre los subsistemas subyacentes y su reorganización puede modificar las respuestas posibles del metasistema, el tipo de control que se ejercerá desde el entorno. El establecimiento de nuevas relaciones entre los subsistemas o las partes del sistema ecosocial es posible desde dentro del sistema, desde donde se producen nuevas relaciones entre procesos que no existían y deshaciendo otras relaciones antes existentes; en definitiva, estableciendo nuevas pautas que reconfiguren el sistema ecosocial. Este planteamiento no presupone que la tendencia deba ir hacia la indiferenciación o la homogeneidad de las partes del sistema ecosocial, puesto que la existencia de partes diferenciadas significa una reserva de diversidad que es fundamental para la evolución del sistema al ejercer una función reguladora y, prevenir la rigidez del sistema para poder así adaptarse a los eventuales cambios ambientales que se puedan dar. En palabras de Jay L. Lemke «la gran tarea intelectual de este siglo, aún por llegar, es deshacer las culturas que niegan la unidad de los sistemas ecosociales y rehacer las culturas que la defienden».

II.4   La Biosemiótica [9]

Jesper Hoffmeyer, bioquímico danés interesado por los aspectos teóricos de la biología, utiliza este término para referirse a una nueva propiedad emergente de todos los sistemas vivos y que aparece por primera vez en la Tierra con el origen de la vida y que se ha ido incrementando con la evolución. Argumenta que la biosemiótica constituye un puente entre la historia termodinámica de los sistemas y la historia en el sentido cultural humano.

En su discurso argumenta que el estudio de las ciencias de la vida con relación a la comunicación se ha desarrollado según dos tendencias. La primera explica los fenómenos de comunicación de la información en mecanismos genéticos y moleculares. Se trata de un reduccionismo genético y molecular. La segunda, que se encuentra ahora en desarrollo, es la semiotización de la naturaleza. Este autor valora que la etología iniciada por Konrad Lorenz o las apreciaciones de Thomas A. Seboek, respecto a que la etología no es más que un caso particular de semiótica diacrónica, o los desarrollos de la sociobiología y comunicación animal (base de la exosemiótica) son antecedentes de esta nueva tendencia.

El conocimiento del significado del ADN y la transcripción genética así como el papel de las señales internas celulares para activar la transcripción para la síntesis de nuevas biomoléculas demuestran la existencia de mecanismos intracelulares de comunicación o una semiótica interna (endosemiótica). En contra del punto de vista que centra en el ADN toda manifestación de la información biológica, han aparecido críticas que defienden que las células acumulan un pasado evolutivo muy amplio que se plasma en sus estructuras, de igual manera que un embrión manifiesta a lo largo de su desarrollo las formas de su pasado evolutivo. Los avances están basados no sólo en el ADN sino en este pasado histórico que se revela morfológica y fisiológicamente en la célula y que modula su comportamiento. Es decir, que la información genética se manifiesta de una forma u otra condicionada por el contexto material, que tiene un origen histórico o evolutivo.

Los conocimientos obtenidos permiten decir, como afirma Claus Emmeche refiriéndose a la semiótica espontánea, que la comunicación biológica no ha sido estudiada como un fenómeno que requiere una teoría especial o un marco explicativo sino como una desconexa acumulación de experiencias de las diferentes disciplinas biológicas concernientes a la existencia de señales conectadas a procesos en la naturaleza. Entre muchos biólogos las explicaciones que se dan a los fenómenos de comunicación se reducen a menudo a la existencia de mecanismos moleculares no bien conocidos, mecanismos que se han establecido a lo largo de la evolución por selección natural y, que requieren de una posterior investigación. Estos autores se refugian, pues, en el determinismo genético y molecular, que bloquea el desarrollo de una teoría sobre biosemiótica.

Los avances relativos a la comprensión de la evolución de los sistemas complejos nos muestra que la vida es un proceso creativo. Tal como Prigogine ha formulado, los sistemas alejados del equilibrio termodinámico tienden a autoorganizarse, a producir más orden, sin caer en la entropía o el desorden. En este esquema conceptual, la vida y su evolución han dado lugar a múltiples formas y a sistemas de organización y de comunicación, en los que el hombre y sus obras están inmersos, formas y sistemas de comunicación que se han ido desarrollando a lo largo de la evolución.

Los mecanismos de funcionamiento y organización social y cultural no son entonces más que un caso particular de esta evolución de la vida en la Tierra y, por tanto, su funcionamiento en los sistemas más generales y complejos debe estar basado en mecanismos aparecidos en otros sistemas. A través de esta argumentación puede justificarse que los conocimientos de la semiótica social podrían tener muy probablemente una proyección en la biosemiótica, y viceversa. En este sentido Hoffmeyer afirma que la biología puede tender un puente entre la física y las humanidades puesto que la biología se basa en la física (y en la química como una manifestación de la naturaleza física de la materia) y conecta indefectiblemente con el hombre como un ser biológico inmerso en un contexto ecológico o en un sistema ecosocial de naturaleza semiótica y material.

Hoffmeyer plantea que existen sistemas de comunicación con el entorno en todos los niveles de organización biológica, desde las bacterias hasta el hombre. Los mecanismos más sencillos incluyen la quimiotaxia, fototaxia, etc., según la cual las bacterias pueden reaccionar siguiendo gradientes de concentraciones de nutrientes o de la luz de su entorno. Las bacterias, a su vez, modificaran, por el uso de los nutrientes por ejemplo, su propio entorno. En el curso de la evolución los organismos capaces de incrementar sus interacciones semióticas son los se han desarrollado y están ahora presentes en la biosfera.

Los aspectos semióticos de los procesos materiales se incrementan gradualmente dirigiéndose hacia una mayor autonomía o autoorganización de los organismos. En el curso de la evolución esta tendencia ha dado lugar, en los extremos más conocidos, a sofisticados sistemas semióticos como son el lenguaje o el pensamiento en el hombre y muy probablemente también en otros animales, tal como sugieren los estudios etológicos en el chimpancé por ejemplo.

De entre las ciencias biológicas, la ecología ha venido interesándose por propiedades emergentes de los ecosistemas, entre las que la información y su transmisión han tenido un peso específico. En el futuro es probable que si se constata la naturaleza semiótica de los elementos de los ecosistemas y del ecosistema en conjunto, la ecología teórica se desarrolle incorporando las formaciones semióticas en un nuevo nivel de integración.

De hecho, muchas observaciones sobre la dinámica del ecosistema muestran poseer una naturaleza semiótica. Sin embargo, la información toma formas diferentes de las que son reconocibles desde la semiótica social. Una población del ecosistema presenta una dinámica de crecimiento dependiente de su entorno y de sus propias características: de la presencia de alimento, del espacio disponible, del estado inicial de la población, del crecimiento vegetativo en ese momento, de la presencia de competidores, de las características del ambiente físico-químico, entre otros factores. Según esas circunstancias, la población en conjunto crece, decrece o se mantiene, es decir toma un camino hacia un estado, en función de los significados ecológicos precisos del momento, del contexto ambiental actual. La opción tomada modificará asimismo el contexto ecológico y la magnitud o importancia relativa de cada uno de los significados (factores) del contexto. De esta forma los estados futuros de la población dependerán de la opción tomada. Desde un punto de vista semiótico la población considera (o lee los signos) de un contexto (de la formación ecosemiótica). En este sentido, el entorno de la población sería una formación semiótica en la que las prácticas (las decisiones) hacen evolucionar asimismo esta formación semiótica hacia otro estado como resultado de un proceso dialéctico.

La población como subsistema es capaz de acumular información a la vez que transmite información al contexto como sistema, como si se tratara de un proceso dialéctico o, si se quiere, un sistema cibernético de retroalimentación ciertamente complejo, en la que intervienen una gran cantidad de elementos. Este proceso da lugar a que la población presente un cierto control tomando el estado más adecuado para sus objetivos que en principio, en un contexto ecológico y evolutivo, son el de asegurar su persistencia en el ecosistema y el de perpetuar la especie.

En este modelo cabe preguntarse cómo la población acumula la información de su entorno de forma que pueda adaptarse a nuevas circunstancias que tal vez la población misma, u otras poblaciones y circunstancias medioambientales, han producido; es decir, ¿cómo la población «aprende» a adaptarse a las nuevas condiciones? La explicación clásica radica, lejos de una posición lamarckiana, en el mecanismo de la selección natural propia de la teoría darwiniana de la evolución biológica, según la cual los genotipos más adecuados (en principio generados al azar por cambios aleatorios del material genético) se manifiestan o no en función de las características del medio en un momento determinado.

Estas consideraciones están de acuerdo con los nuevos planteamientos de Stuart Kauffman[10], según el cual los sistemas biológicos (y en general todos los sistemas complejos) tienden a la autoorganización. En este sentido, no existe una intencionalidad en la evolución sino que los sistemas biológicos tienden espontáneamente a la autoorganización, a una creación de orden. Kauffmaní relativiza así el mecanismo de la selección natural centrada en las especies.

Este proceso evolutivo no debe entenderse como unidireccional en el sentido que los genotipos adecuados no sólo se manifiestan hacia el futuro sino que la información acumulada a lo largo de la evolución, reflejo de otras situaciones del pasado, está presente en una diversidad de genotipos que dan lugar a variabilidad (en una gran biblioteca de información de la que a menudo desconocemos su significado en un momento determinado) y se puede manifestar en determinadas circunstancias.

La cibernética ha adoptado un punto de vista sobre la teoría de la evolución, en una concepción más amplia, según el cual no sólo las especies presentan una evolución derivada de la variación y de la selección natural sino que los sistemas complejos en general presentan un mecanismo similar, carente de una intencionalidad predeterminada, que se encuentra limitado por la capacidad de acumular la información que presenten sus elementos.

Esta perspectiva se basa en una visión constructivista de naturaleza física. Según el constructivismo físico[11] los sistemas sólo pueden ser descritos en forma de procesos físicos. Este punto de vista es aplicable no sólo a los sistemas físicos y biológicos sino también a sistemas formales, simbólicos y semánticos como las matemáticas o el lenguaje, ya que estos sistemas pueden ser interpretados también según las bases físicas de sus operaciones internas pues reciben, transmiten y interpretan señales físicas.

La información genética, por su lado, también presenta una naturaleza semiótica. Tal como lo establece R. Margalef (1980), el sistema genético es comparable al lenguaje con su diccionario de palabras y sus reglas gramaticales.

II.5 El Diseño Arquitectónico como un Proceso de selección natural

En los procesos de diseño arquitectónico pueden ser aplicadas las ideas de la selección natural de la teoría de la evolución de Darwin. La selección de un diseño en la mente del arquitecto deriva de un proceso selectivo con distintas fases en el que se aplican sucesivamente diferentes criterios de selección en función del estado conceptual colectivo. En este sentido, el diseño presenta características análogas a los procesos generativos de naturaleza biológica. La aplicación de este modelo de selección debería tener como resultado un diseño bien adaptado a las necesidades. Sin embargo, este proceso selectivo de diseños se traduce frecuentemente en formas minimalistas extrañas a las necesidades y a menudo exentas de racionalidad. La razón que explica este comportamiento (T.M. Mikiten y N. A. Salingaros, 2000)[12] reside en que determinados diseños se replican muy rápidamente sin una debida adaptación al contorno ecosocial. Este tipo de comportamiento tiene su paralelismo biológico en los virus, que se reproducen con mayor velocidad que las formas de vida más complejas ya que éstas presentan un proceso de autoorganización progresivo. Asimismo, los virus informáticos son programas pensados para destruir los sistemas informáticos establecidos según un acuerdo social.

En definitiva, determinados estereotipos o «memes» (como entidades conceptuales que se propagan en el colectivo humano) parasitan el orden complejo de los entornos construidos. Estos estereotipos minimalistas poseen un bajo contenido de información fáctica, y rompen y arrasan el diseño tradicional que ha gobernado durante toda la historia de la civilización humana. Esta tendencia explicaría el cambio visual tan importante que han sufrido las ciudades a lo largo del siglo veinte.

Memes y genes

La cultura y la creatividad parecen estar sujetos a un orden evolutivo[13]. Tal como plantea Liane Gabora, las representaciones mentales (los memes formulados por Dawkins[14]) evolucionan en el tiempo como resultado de una exploración y una transformación adaptativa mediante mecanismos de variación, selección y transmisión. Los memes son estructuras conceptuales que, a diferencia de la información genética, no presentan en sí mismos una forma de replicación sino que son los individuos los que los renuevan continuadamente. Esta perspectiva evolutiva ya fue formulada por Thomas Henry Husley en 1880 y más recientemente por el biólogo Jacques Monod. Éste autor estableció que una idea transmisible constituye una entidad autónoma capaz de conservarse, crecer y ganar en complejidad[15] y que además se encuentra sujeta a un proceso evolutivo. De hecho, la evolución conceptual y su vinculación a la teoría de la evolución de Darwin ha constituido un debate que ha ocupado a filósofos y epistemólogos a lo largo de todo el siglo pasado.

En esencia, la teoría memética entiende que el conjunto de representaciones mentales de los individuos de un concepto determinado establece una red de memorias distribuidas (que se encuentran en los cerebros de los individuos). Los memes están interconectados y van evolucionando como resultado de procesos de variación, selección y transmisión, a través de las distintas formas de comunicación cultural.

La dinámica de las interacciones hace evolucionar continuadamente un meme (o el conjunto de memes vinculados a un concepto), no azarosamente, sino en determinadas direcciones, como si se tratara de una composición vectorial o como resultado de una recombinación memética. Al igual que en una población animal hay un *pool* genético de genes o alelos posibles para un mismo carácter, en la población humana un concepto presenta diversas representaciones o variaciones locales y/o individuales.

Determinadas versiones del meme o recombinaciones de estas versiones se van imponiendo gracias a un proceso de selección natural porque son oportunas en un momento determinado ya que satisfacen las necesidades biológicas y culturales mientras que otras versiones o recombinaciones del meme (alelos meméticos) menos competitivos se desvanecen porque pocos individuos los comparten o porque dejan de ser funcionales.

Se puede formular el concepto de paisaje o espacio memético como una esfera (en realidad se trata de una hiperesfera) en la que las versiones de un meme se encuentran representadas en puntos concretos, de forma que se sitúan más o menos cerca en función de la mayor o menor similitud entre las informaciones que contienen (a esta distancia se la conoce como distancia de Hamming[16]). Su representación muestra que la memoria de los memes y sus variedades se encuentra distribuida de forma difusa. Dos versiones muy distintas de un meme se encontrarían en las antípodas de esta esfera, a una distancia máxima[17].

La trayectoria de una corriente de pensamiento está restringida por las conexiones entre representaciones similares (versiones próximas del meme) o porque éstas se encuentran relacionadas en el espacio y en el tiempo, porque son contemporáneas en un contexto local o regional. Esta proximidad da lugar a que se incremente la probabilidad de que una variante determinada del meme se establezca en un contexto. En biología, una alta probabilidad de encuentro entre individuos de genotipos diferentes con relación a un carácter da lugar a la posibilidad de generación de un nuevo genotipo, obtenido por recombinación genética a través de la reproducción. Esta nueva variedad genética puede tener éxito en un contexto ecológico determinado e imponerse sobre los predecesores. La segregación geográfica de los memes juega en contra de su recombinación y da lugar a corrientes de pensamiento o escuelas diferenciadas. Si las versiones de un meme llegan a ser muy distintas podrían conceptualizarse como nuevas especies o memes diferenciados que, a su vez, pueden presentarse con sus respectivas versiones.

Según esta perspectiva la cultura no es más que el resultado de un proceso evolutivo muy similar al establecido en los planteamientos recientes de la evolución que se derivan de la teoría de la evolución de Charles Darwin. O, dicho de otra manera, la teoría de la evolución se manifiesta en un segundo contexto: en la cultura humana. Contra esta perspectiva, los escépticos argumentan que no se ha resuelto aún la naturaleza neurofisiológica de los memes y que, por tanto, se trata de una especulación basada en paralelismos derivados de la biología. Sin embargo, sus defensores sostienen la teoría memética gracias a la solidez explicativa de la evolución de los conceptos. Por otro lado, argumentan que Darwin formuló la teoría de la evolución antes de conocer la naturaleza de los genes, sin que ello signifique que su teoría estuviera equivocada.

La analogía entre la genética y la epistemología alcanza también otros planos. Así, en biología, se distingue entre genotipo y fenotipo; el término genotipo se refiere a la información genética en sentido estricto, mientras que el fenotipo es la manifestación externa del genotipo que viene modulada por el ambiente. En un contexto ecológico determinado se puede reconocer un polimorfismo de fenotipos. En el campo de los memes, se puede distinguir, asimismo, entre memotipo y fenotipo[18]. La implementación del memotipo se produce a través de una expresión, un discurso o una actuación sobre el mundo físico, lo que se traduce en uno de los fenotipos posibles. La expresión del meme es diversa en función de las cualidades del individuo que lo manifiesta y la vía de expresión que utilice.

Otra idea fundamental en la teoría memética es que todo parece indicar que los memes de distintos conceptos parecen estar también interconectados entre sí, tanto en el plano individual como en el colectivo, adoptando una configuración organicista o sistémica. Una nueva figura conceptual que represente una innovación modifica las representaciones antiguamente relacionadas con el meme predecesor, que ahora se ha innovado. En el ámbito de un individuo aislado implicado en un proceso creativo o de diseño, la producción de una nueva representación condiciona el futuro puesto que el nuevo meme implica una redefinición de otros memes distintos vinculados al proceso creativo, como si la nueva representación tuviera un efecto de campo sobre las otras representaciones mentales vinculadas. Se trata de una replicación del meme, de carácter interno, que se produce en el individuo. Así, el meme innovado reconfigura de una forma espontánea otros memes que lo incluían de forma implícita.

La replicación de los memes a escala social o colectiva parece seguir más a un patrón lamarkiano de la evolución. La transmisión de información sigue una ruta diferenciada del genotipo. Un meme puede pasar de un individuo a otro por vía fenotípica, a través de su manifestación en el fenotipo. En muchas poblaciones animales la transmisión de la información discurre tanto por vía genética como cultural. Para muchas especies la transmisión de patrones de comportamiento entre generaciones sucesivas es un hecho reconocido por la etología. Así, por ejemplo, las adquisiciones culturales entre los chimpancés, sus habilidades adquiridas históricamente, se transmiten dentro de cada clan y configuran su propia cultura.

Se han establecido paralelismos entre el origen de la vida y el origen de la cultura. Todo parece indicar que la vida en la Tierra se inició a partir de una solución acuosa de moléculas orgánicas organizadas en ciclos de reacciones. Estos ciclos debieron hacerse cada vez más complejos con una participación creciente de moléculas orgánicas. Por otro lado, los ciclos debieron estar acoplados unos con otros ya que debieron compartir especies químicas comunes, cediendo y absorbiendo energía entre unos y otros. En otros términos: en los inicios de la vida, la materia orgánica debía estar estructurada en una organización de tipo hipercíclico, formada por ciclos autocatalíticos acoplados. Por otro lado, la afinidad físico-química de determinadas grasas, los fosfolípidos, permitió la formación espontánea de las membranas que aislaron del exterior este conjunto de moléculas orgánicas y dieron lugar a las primeras protocélulas. Este aislamiento permitió una evolución hacia la mayor complejidad, así como la regulación interna mediante catalizadores.

Sin embargo, lo crucial para el origen de la vida fue la capacidad de determinadas moléculas, responsables de la regulación de los ciclos, de hacer copias de sí mismas. Esta capacidad de replicación supone una innovación ya que da lugar al mantenimiento de una información genética responsable de la regulación del metabolismo y de la organización hipercíclica que mantiene su estructura, evoluciona y se va transmitiendo en el tiempo. Este material genético es capaz de gobernar las reacciones que se producen en los ciclos de catalíticos mediante catalizadores o enzimas. El principal escollo para aceptar esta hipótesis sobre el origen de la vida reside en la pregunta: cómo se puede producir algo tan complejo como una molécula capaz de replicarse a sí misma. La respuesta, pasa por entender que, aunque un suceso sea improbable, este puede ocurrir y, si se ha producido, el patrón emergente se ha mantenido y ha dado lugar a una cadena de hechos ya menos improbables, basados en las propiedades que esta innovación supone.

Liane Gabora, entre otros autores, defiende que el origen de la cultura deriva también de la capacidad de replicación de las representaciones mentales. Las evidencias comprobadas en el origen de los memes en la primera infancia parecen defender este paralelismo, y estos mecanismos son muy probablemente los que se establecieron en los orígenes de la evolución cultural humana. En el niño se establecen memes primarios que con el tiempo se acoplan entre sí. Un objeto es inicialmente asociado con una característica que se deriva de la observación o de la experiencia perceptiva. El mismo objeto presentado, con una nueva característica, se implanta inicialmente como un meme diferente. De alguna manera se produce en el cerebro del niño la asociación entre los dos memes, con lo que se generaliza que un mismo objeto pueda presentar varias características alternativas. La asociación entre los objetos y sus cualidades se universaliza en forma de un meme bien establecido: un objeto puede presentar múltiples características, unas alternativas y otras complementarias. Esta forma de esquematizar o estructurar la información representa ventajas de ahorro energético, de bits de información y de tiempo de procesamiento. Esta estrategia es muy parecida a la que se establece en los algoritmos de los programas informáticos, así como en la replicación del material genético responsable de la regulación del metabolismo celular.

La diferencia básica entre el mecanismo de replicación de los memes y el de la información genética está en que el material genético incorpora en sí mismo el procedimiento que hace posible su duplicación. Así, por ejemplo, la ADN polimerasa es una enzima que interviene en la síntesis del ADN a partir de un modelo preexistente. La secuencia de información que determina la forma de esta proteína se encuentra codificada también en el ADN. Los memes, sin embargo, no contienen, que se sepa, este mecanismo intrínseco de replicación de la información. La replicación de los memes se produce en el desarrollo de cada individuo en función de sus experiencias. El aprendizaje y la cultura permiten que la sociedad en su conjunto mantenga, reproduzca e innove las representaciones mentales.

Llegados a este punto se puede afirmar que los procesos creativos son femotipos o expresiones de un conjunto de memes dominantes. El proceso de selección de diseños, entendido como un proceso de selección natural evolutivo, se produce a diferentes niveles. En un primer estadio la selección de estilos proviene del conjunto de la sociedad, a través de la valoración de lo que es adecuado según las preferencias de los consumidores, las restricciones de la industria de la construcción (y de la ingeniería) y las ideas dominantes entre el colectivo de profesionales de la arquitectura.

Una segunda fase el filtrado se produce en la mente del arquitecto un según amplio rango de criterios de selección que conducen a la racionalidad, a la mejor solución (por tanto, este sería el proceso natural del diseño arquitectónico). Pero la impregnación de los estereotipos, de dictados estilísticos arbitrarios, alejados a menudo de las necesidades de los usuarios aniquila este proceso de diseño y da lugar a resultados discutibles al menos desde el punto de vista de la utilidad, la belleza y la durabilidad o solidez de la obra diseñada. Esta tendencia se repite una y otra vez en cada proyecto, sin existir un sistema que la controle e ignorándose las desastrosas consecuencias de las decisiones tomadas.

II.6   Tradición y Patterns en Arquitectura

Según los postulados de Cristopher Alexander[19] y su escuela, el diseño arquitectónico debería basarse en la aplicación adecuada de pautas (*patterns*) más o menos repetitivas, seleccionadas a lo largo de la historia de la civilización, que hayan demostrado tener éxito para solucionar las necesidades de las personas a la vez que ofrezcan resultados sólidos y estéticamente atractivos.

Por pauta se entiende alguna regularidad en alguna dimensión. Algunos estudios muestran cómo las arquitecturas tradicionales obedecen a determinadas normas que son intrínsecamente matemáticas. Ejemplo obvio de lo que se viene diciendo es la presencia de unidades visuales repetitivas con una simetría lineal y rotacional o también la repetición de formas o motivos en distintas escalas en un edificio a modo de estructura fractal. Las pautas no sólo se circunscriben a los edificios sino que abarcan los espacios urbanos, a los que se aplica una pauta parecida para solucionar un determinado problema o cubrir una necesidad. En definitiva, el proceso de diseño debería basarse en la reutilización del conocimiento, de las pautas que han sido usadas ya con éxito históricamente.

La arquitectura actual es deficiente desde los puntos de vista práctico y estético. Los ambientes construidos del pasado de muchas ciudades presentan un sentido de la totalidad y de la armonía[20]. Los espacios entendidos como un todo favorecen el uso del lugar y la calidad de vida. Cada nueva construcción, calle, plaza o hasta el detalle de una ventana deben estar diseñados para integrarse en el entorno, ya que han de formar parte del mismo y han de contribuir a crear un continuo de estructura.

El lenguaje de pautas (*Pattern Language*) creado por Cristopher Alexander y sus colaboradores, es un método conceptual que permite al diseñador identificar y visualizar los elementos que se encuentran interrelacionados, y las relaciones de éstos con el entorno construido, fomentando así el sentido del lugar. El objetivo es que el diseño de las actividades, edificios, espacios y paisajes dé lugar a una totalidad coherente, bella y viva para los residentes y usuarios. Así, se consigue la recuperación del sentido del lugar que ha de contribuir a reconciliar a la gente con su entorno construido.

Las pautas tienen un doble carácter, práctico y descriptivo. Es descriptivo en el sentido que un determinado elemento del entorno construido contribuye a interpretar el sentido que tiene un entorno (por ejemplo, el grado en que un espacio es público, la importancia de una entrada principal, la valoración de lugares destacados o significativos, etc.). Por otra parte, las pautas presentan un carácter práctico ya que sugieren cómo puede diseñarse un elemento de forma concreta, respetando, por ejemplo, la importancia de los límites que son significativos para decidir cuáles serán las mejores entradas y rutas. Los lugares que «funcionan» están compuestos por muchos *patterns* interelacionados que trabajan sinérgicamente para generar un gran todo más que partes individuales[21].

Cristopher Alexander y sus colaboradores realizaron, ya en 1977, una recolección de 253 pautas en arquitectura y urbanismo[22] organizadas en tres grandes grupos según su dimensión. Veamos algunas de éstas considerando que las cifras que se proponen son indicativas:

1. Pautas que describen el entorno a gran escala: comunidades de 7.000 habitantes (12), trabajo en la comunidad (41) puesto que el barrio ha de incluir una diversidad de usos que permita que sus vecinos trabajen cerca de donde viven en contraposición al funcionalismo.

2. Pautas que describen los edificios y grupos de edificios: espacios abiertos positivos (106), edificio principal (99), y zonas verdes accesibles (60) (que como norma han de ser accesibles a los vecinos en un tiempo de recorrido a pie de tres minutos).

3. Pautas de describen los detalles del edificio individual: edificios con un límite de cuatro plantas (21) aunque algunos edificios pueden exceder este límite siempre que no estén destinados a vivienda, columnas en las esquinas (212), estructura del edificio siguiendo los espacios sociales (205).

Para cada problema de diseño es importante escribir un lenguaje de pautas que empieza con los de mayor tamaño y que va incorporando las pautas de extensión más reducida. Será necesario revisar las pautas establecidas y, cuando sea preciso, se deberán incorporar otras nuevas, considerando siempre el valor intrínseco del contexto preexistente. Las pautas listadas, no son verdades inmutables sobre principios de diseño sino un método para conseguir que las partes constituyan una totalidad. El proceso de diseño ha de incorporar la participación de los agentes implicados, de forma que el establecimiento de pautas sea el resultado de un proceso de diálogo entre el arquitecto, los clientes, los usuarios y el lugar.

Según Alexander, en contra de la arbitrariedad del diseño actual, las obras arquitectónicas deberían inspirarse en el orden funcional de los sistemas naturales. Alexander desarrolla la teoría según la cual la materia converge hacia estructuras coherentes. Basándose en la teoría de la complejidad argumenta que en todas las estructuras del universo son aplicables unas parecidas leyes generales. Este orden se demuestra empíricamente en la adecuación de las estructuras de los seres vivos y de los sistemas naturales en general para adaptarse a las restricciones de su entorno. Defiende que en todos los sistemas complejos y bien adaptados gobierna un orden similar, incluidos también los artefactos y las obras humanas. Los diseños de ciudades, construcciones y artefactos que han tenido un éxito histórico y han pervivido derivan de la aplicación intuitiva de estas leyes generales. La calidad del arte, la construcción y los artefactos en general, dependen no sólo de la adecuación de su estructura en forma y tamaño, sino también de su capacidad para favorecer el desarrollo y el bienestar humanos. Se trata entonces que el proceso de diseño tenga como resultado una estructura «viva» capaz de sobrevivir y adaptase a las nuevas circunstancias. Entiende, sin embargo, que esta transformación conceptual de la naturaleza del diseño sólo es posible a través de un cambio conceptual por parte de la sociedad.

La ruptura del orden y con el hombre del movimiento moderno

La escuela de Cristopher Alexander, denominada escuela neotradicionalista, argumenta que el movimiento moderno y sus expresiones arquitectónicas representan un hecho excepcional y al mismo tiempo negativo en la historia de la arquitectura. Dividen la arquitectura en dos grandes tendencias: la arquitectura natural y la arquitectura moderna. Esta división obedece al hecho que la totalidad de la arquitectura tradicional, vernácula y, en general, la buena arquitectura que se ha podido hacer al margen del movimiento moderno se basa en leyes naturales, que han sido aplicadas ya sea de forma intuitiva o ya de forma expresa, por los arquitectos y maestros del pasado[23].

Por contra, la arquitectura moderna rompe con los arquetipos existentes hasta ese momento, tal vez como una reacción ante los excesos ornamentales del siglo diecinueve, para establecer una arquitectura expresamente contraria a las pautas de diseño establecidas en el oficio que alcanza los albores históricos de la arquitectura. Esta forma de proceder presenta consecuencias de tipo ideológico distantes del humanismo o el ecologismo, puesto que se abona la idea de un hombre dominador de la naturaleza (y de los otros hombres) a su capricho.

La justificación del carácter antinatural de la arquitectura moderna, que por otro lado se sigue practicando en todo el mundo, se basa en dos criterios: en la falta de respuesta emocional delante de la obra y por la desconexión profunda entre su orden arquitectónico y la naturaleza. Las obras arquitectónicas despiertan emociones cuando son confortables y el usuario se identifica con ellas si producen seguridad, confianza, bienestar, primero en el nivel de la escala más próxima al usuario y después en los otros niveles de escala de la obra arquitectónica. Esta conexión de escalas sólo es posible si existen motivos que las conecten y factores de proporcionalidad no lineal parecidos a los del orden natural. Por el contrario, la arquitectura moderna promueve la tensión emocional mediante elementos rectilíneos y cortantes, ángulos rectos y superficies planas y vacías, con un orden a pequeña escala que parece estar prohibido, sin contrastes entre el interior y el exterior y entre espacios complejos y simples con distinta funcionalidad, elementos que se producen arbitrariamente en las diferentes escalas y que a menudo no responden a ninguna necesidad funcional. En el ámbito estructural, el orden se minimiza, las partes están aisladas y no presentan interconexiones bien definidas, las uniones y los gradientes para los cambios de actividades son suprimidos, las estructuras exteriores se presentan desafiando el orden del entorno con expresiones agresivas y desmesuradas, con una simetría bilateral a gran escala, sin un escalamiento adecuado de estructuras intermedias, y éstas, de existir, aparecen ausentes de elementos conectores entre los diferentes niveles que permitan interpretar un orden o armonía en la obra arquitectónica.

Se ha argumentado[24] que la arquitectura moderna significa además una agresión de tipo psicológico contra la capacidad y necesidad natural de las personas de establecer un orden o entender la organización y funcionamiento de su entorno. Puesto que los edificios, el entorno urbano, la vivienda, el lugar de trabajo o de estudio son los lugares donde la gente pasa la mayor parte de su tiempo, esta imposición tiene consecuencias sobre el bienestar psicológico de la población en tanto inhibe la capacidad de establecer patrones y conexiones con el entorno de igual manera que se establecen constructivamente relaciones entre ideas y conceptos más generales. Tal vez la necesidad imperiosa de escapar de la ciudad que presentan los ciudadanos para establecer un contacto con el mundo natural, con el ambiente rural y con la arquitectura tradicional, se base en este fenómeno.

Tal como escribe Nikos Salingaros, es realmente sorprendente el desconocimiento existente entre muchos profesionales sobre el orden geométrico establecido en la historia de la arquitectura, de los patrones o pautas que se han aplicado sistemática y históricamente en las construcciones, mientras que las ciencias y las humanidades en general han realizado un esfuerzo para interpretar cómo están organizados el mundo físico y natural. También resulta sorprendente que no se haya producido una reacción social y política (y más general en el campo profesional[25]) ante esta situación durante los más de setenta años de pervivencia de la arquitectura moderna, aspecto que bien seguro merecería más reflexión y un debate de consecuencias seguramente muy interesantes.

Los procesos de naturaleza discursiva están siendo mediatizados por la política. La utilización por la clase política del mito de la modernidad y del progreso es una herramienta eficaz de propaganda destinada a la reproducción del poder político o al mantenimiento de las élites de poder que representan. Se puede afirmar que en buena parte el movimiento moderno simboliza este poder y la perpetuación de la arquitectura moderna es una imagen de la perpetuación de su propio poder.

Esta reproducción es posible mediante la combinación de dos tipos de estrategias que inciden sobre el ciudadano de a pie. De un lado se produce la promoción de la modernidad y de la eficiencia, a través de los medios de comunicación y de la propia educación, lo que tiene como resultado una imagen social positiva de la excelencia del progreso científico, técnico y económico, que en definitiva representan la esperanza para un mundo imperfecto e injusto que puede llegar a ser mejor mediante la implantación de mejoras científicas, técnicas y productivas (sin explicar los impactos ambientales derivados de tales actividades ni cómo se reparte la riqueza). Es decir, se produce una promoción del positivismo y del progreso económico como vías hacia un mundo mejor.

De otro lado, las intervenciones en la ciudad representan mejoras que enlazan con las expectativas creadas en torno al progreso científico, tecnológico y económico a las que antes se hacía referencia. Es decir, las intervenciones concretas en el espacio urbano conducen a una imagen social que enlaza con la promoción de determinados mitos de modernidad que se difunden y desarrollan a través de los medios de comunicación y la educación (y a través de la arquitectura) y, por lo tanto, son una herramienta de propaganda política. La consciencia que se tenga con relación a este mecanismo es un problema ético que la historia, tal vez, ya desvelará en su momento.

Las pautas en la arquitectura natural

Si bien este campo se encuentra en desarrollo se pueden avanzar algunas consecuencias derivadas de los estudios de Cristopher Alexander y de sus colaboradores con relación a las normas, pautas o patrones que se vienen estableciendo en la arquitectura tradicional y que presentan su paralelismo con la organización del mundo físico y natural[26]. La tesis principal de estos trabajos estriba en que la arquitectura natural es la única que puede producir la respuesta emocional y la conexión de la obra arquitectónica con la naturaleza. Además, en tanto que el hombre forma parte de la naturaleza, como ser ecosocial que es, no puede inventar leyes de diseño muy distintas de las leyes que están rigiendo el mundo natural por razones, al menos, de orden práctico o funcional.

Nikos Salingaros[27] propone tres leyes básicas de la arquitectura basadas en la correspondencia con la realidad:

1. El orden a pequeña escala se establece a través de pares de elementos que contrastan entre sí, produciendo una tensión visual equilibrada.

2. El orden a gran escala sucede cuando cada elemento se relaciona con los demás a distancia, de tal modo que se reduzca la entropía.

3. La pequeña escala se conecta con la gran escala a través de una jerarquía de escalas intermedias enlazadas, con un factor de escala aproximadamente igual a $e=2,7$.

La primera ley se basa en la existencia de múltiples dualidades de partículas atómicas de distinto signo, descritas por la mecánica cuántica, que se mantienen en tensión dinámica. Esta representación o modelo se traduce en un orden geométrico en arquitectura y debe ser aplicado en el nivel estructural más cercano al usuario. Se concreta en el juego de pares de formas simples y colores con características opuestas o con una disposición alternada, juegos que se incrustan en fondos más simples. Son muestras de estos pares las formas cóncavas en contraposición a las convexas, los colores diferentes o opuestos y, en general, cualquier disposición alternada de elementos contrapuestos a modo, por ejemplo, de motivos de alfombras persas. Estas disposiciones están ampliamente representadas en las paredes y suelos de las obras arquitectónicas a lo largo de la historia.

Al igual que en la primera ley, en la que Salingaros utiliza la mecánica cuántica como base natural, en la segunda introduce la actuación de los campos de fuerzas que actúan a distancia (como el gravitacional o el magnético) y que imponen un orden en la materia. Este principio se traduce en arquitectura en la conjunción de las estructuras a pequeña escala en una totalidad. La geometría y el color son recursos para conseguir la interrelación de módulos y escalas. Así, se reduce la entropía de la obra arquitectónica interpretada como un sistema. Los elementos estructurales de las diferentes escalas de este sistema pueden distribuirse aleatoriamente con un alto grado de entropía o desorden, o seguir una determinada pauta para reducirla a través de dar un significado o coherencia al conjunto, conformando un orden en la totalidad. Cabe decir, sin embargo, que ni las estructuras caóticas ni las absolutamente ordenadas son estéticamente deseables, en tanto que producen desconcierto y aburrimiento respectivamente. Por tanto, es necesario un cierto desorden en el orden o un cierto grado de incertitud y complejidad. Este planteamiento tiene su paralelismo en lo propuesto por Kevin Lynch en su famosa obra «*La imagen de la ciudad*», donde afirmaba que en la trama urbana es deseable un cierto misterio o imprevisión para que sea atractiva para sus habitantes.

La reducción de la entropía en la obra arquitectónica se puede lograr a través de distintos recursos. En la escala del usuario hay un orden establecido a través de los contrastes y simetrías que se han formulado en la primera ley, con lo que se tiene un bajo contenido en entropía. En la escala general este juego de simetrías y contrastes ya no es necesario, lo que da lugar a un equilibrio del conjunto ya que de reproducirse estos juegos se reduciría más la entropía pero también la complejidad y su contenido de información. Una segunda manera de reducir la entropía, a escala mayor, es mediante el establecimiento de una continuidad de patrones entre los distintos niveles de escala a través de similitudes visuales de forma, color y tamaño entre los elementos del conjunto. La acertada combinación de recursos permite la conectividad de los elementos de las distintas escalas. El resultado de todo ello es la conectividad total y la armonía del conjunto, que no se escapan a la percepción del observador y producen su respuesta emocional. En el observador tiene lugar también un proceso analítico destinado a la necesidad innata de comprender la forma. Las conexiones virtuales entre los elementos así establecidas (que se producen habitualmente al observar un edificio) constituyen no sólo abstracciones geométricas con un interés intrínseco sino que también forman parte de un proceso cognitivo. En él se establecen relaciones entre elementos y se evalúa, entre otras cualidades, si el conjunto es estable y sólido desde el punto de vista de la física y si es coherente.

Mediante la tercera ley, Salingaros defiende que las dimensiones de las distintas escalas de una obra arquitectónica no se deben suceder arbitrariamente sino que, como ocurre en los sistemas naturales, resultan de la aplicación consecutiva de un factor más o menos constante que se acerca al número e (e=2,7...). Toda esta argumentación se sustenta, en parte, en los logros de la geometría fractal, donde los patrones fractales autosimilares (de Kock, Peano y Cantor entre otros), que se asemejan a los objetos naturales, presentan factores de escala cercanos a 3. Por otro lado, afirma que las observaciones sobre el crecimiento de determinadas variables de estructuras biológicas presentan asimismo un factor de escalamiento próximo al número e. En todo caso, quien escribe opina que las observaciones avalan sólo parcialmente estas afirmaciones y que sería necesario relativizar este factor de escalamiento propuesto para los sistemas naturales, sin desvirtuar con ello la validez de este factor para la arquitectura tradicional.

Las relaciones alométricas[28] de organismos en crecimiento parecen seguir una pauta potencial del tipo $Y=a \cdot X^b$, donde X e Y son las variables mientras que los coeficientes a y b son constantes que modulan las tasas de crecimiento de cada dimensión X e Y consideradas (de hecho, frecuentemente en la realidad estos valores también son variables en determinados segmentos de datos). Las variables X e Y pueden significar longitudes u otros parámetros. La representación de los datos experimentales entre los ejes en escala logarítmica muestra una alta correlación en el incremento de las dos magnitudes, que se ajusta bastante bien a la función potencial. En el mundo vegetal y animal se reconocen diversas estructuras que en alguna de sus características parecen seguir determinadas sucesiones o funciones conocidas en matemáticas. Es sabido, por ejemplo, que la espiral de la concha del *Nautilus* sigue una función espiral logarítmica. El número de pétalos, sépalos y estambres de las flores de distintas especies siguen una secuencia de números conocida como serie de Fibonacci[29] (1, 2, 3, 5, 8, 13, 21, 34, 55, 89, 144,...). Esta serie se obtiene, a partir del tercer término, sumando los dos anteriores. A principios del siglo pasado el zoólogo D'Arcy Wentworth Thomson defendió la idea que si en el mundo vivo aparecen pautas matemáticas, estas pautas deben tener causas matemáticas. La existencia o no de estas pautas y su ajuste adecuado a los principios matemáticos depende sin embargo de la actuación de los procesos genéticos y evolutivos[30].

II.7 Complejidad en Arquitectura y Termodinámica

En tanto la arquitectura afecta la calidad de vida y ciertas obras presenten mejores cualidades que otras para satisfacer las necesidades es de prever que estas cualidades puedan ser analizadas desde perspectivas diferentes. Si entendemos la obra arquitectónica como un ente compuesto por elementos o partes relacionadas, y que posee una estructura y una organización funcional, tenemos entonces un sistema que puede ser analizado según los tópicos propios de la teoría general de sistemas.

El trabajo de Cristopher Alexander y sus colaboradores se encuentra en esta línea y propone tres leyes fundamentales de la arquitectura que abordan aspectos relativos a la estructura de la obra arquitectónica entendida como un sistema. En estas leyes se determina que para conseguir unos resultados funcionales y estéticos satisfactorios es necesario establecer una adecuada conjugación de los distintos niveles jerárquicos de escala espacial a través de una apropiada combinación de los elementos que se encuentran implicados en cada nivel[31].

Para sistematizar las cualidades intrínsecas en los niveles inferior y superior de escala los autores establecen un modelo matemático en el que se ponen en juego una serie de variables e indicadores de las cualidades arquitectónicas.

En el nivel inferior de escala definen dos variables: la temperatura arquitectónica (T) y la armonía arquitectónica (H). El valor de temperatura arquitectónica depende de aspectos como el número de elementos diferenciadores existente, las curvas y el color. El valor de la armonía arquitectónica, concepto utilizado tradicionalmente en arquitectura, es una función del grado de simetría y coherencia de las formas contrastando la ausencia del azar, desorden o entropía.

En el nivel superior de la escala el modelo contempla dos indicadores de calidad intrínseca de la obra arquitectónica, basados en las variables de temperatura y armonía arquitectónicas definidas para el nivel inferior: la vida arquitectónica ($L=T \cdot H$) y la complejidad arquitectónica ($C=T \cdot (10-H)$). El indicador de vida arquitectónica se relaciona con la capacidad que tiene la obra para despertar la conexión emocional del observador. La complejidad indica el grado de sofisticación estructural y funcional de la obra.

El modelo tiene un valor descriptivo, puesto que permite relacionar la complejidad con la vida arquitectónica estableciendo una pauta independiente de las valoraciones personales. Las distintas obras arquitectónicas del hombre a lo largo de la historia pueden ser analizadas con estos indicadores y situadas en un plano, para así establecer *clusters* de obras de calidad estética parecida.

El modelo también establece un método para analizar la conexión existente entre la «vida» y el edificio mediante la valoración del ajuste adecuado de las formas. Este análisis es independiente inicialmente de los estilos y formas, y se centra en la conexión de este elemento vital de la obra arquitectónica con la complejidad y la estructura. El modelo establece, asimismo, una analogía entre los indicadores y parámetros con otros propios de la termodinámica.

Temperatura arquitectónica (T)

Una arquitectura rica alejada de la uniformidad a través de la forma geométrica y el color representa una temperatura arquitectónica alta. Esta propiedad tiene su expresión paralela en los fenómenos físicos. Por ejemplo, los fluidos expuestos a temperaturas altas presentan fenómenos que les confieren estructura y complejidad que se manifiestan como células convectivas y gradientes térmicos. Cuando los fluidos están expuestos a temperaturas bajas se muestran más uniformes.

Las cualidades arquitectónicas que contribuyen a una mayor temperatura arquitectónica en la escala inferior son factores intrínsecos tales como la agudeza y densidad de elementos de diseño singulares, la curvatura de líneas y bordes o el matiz de color sobre las superficies. Los análisis realizados desde esta perspectiva muestran que los edificios históricos suelen presentar valores altos de temperatura arquitectónica y de armonía estructural, en contraste con muchas de las obras relacionadas con la arquitectura moderna donde se obtienen resultados más discretos.

Salingaros propone cinco categorías (T1 a T5) que contribuyen a la temperatura arquitectónica T. También diferencian entre cinco categorías para estimar la armonía arquitectónica (H1 a H5). En cada categoría se establece un valor numérico de 0 a 2 para determinar el grado con que se manifiesta. Tanto la temperatura arquitectónica como la armonía de una obra pueden tener calificaciones totales en un intervalo de 0 a 10. En el cuadro que sigue aparecen descritas las distintas categorías y se da una breve definición de las mismas. También se incluye cómo el uso de determinadas pautas afecta a estas variables.

TEMPERATURA ARQUITECTÓNICA	CARACTERÍSTICAS
T1= intensidad y pequeñez de detalles perceptibles	Detalles perceptibles a corta distancia de 5 mm o más en un radio de 1,5 m.
T2= densidad de diferenciaciones	Geometrías traducidas a dos dimensiones en una escala de grises como indicación de contraste y texturas
T3= curvatura de líneas	Presencia de curvas en contraste con líneas rectas
T4= intensidad del matiz de color	Valoración de la intensidad del color en contraposición a una coloración gris
T5= contraste entre matices de color	Coloración extremada y viva en contraposición a la coloración uniforme o ausencia de color
ARMONIA ARQUITECTÓNICA	
H1= Simetría reflexiva vertical en todas las escalas	Presencia de simetría bilateral en las diferentes escalas en contraste con la ausencia total o parcial de éstas
H2= Simetrías de translación y rotación en todas las escalas	Se refiere a la repetición regular de elementos similares como puertas, ventanas o paredes en contraste a una presencia aleatoria en forma y posición. En superficies planas esta característica viene definida por las características de los bordes
H3= Grado en que las distintos partes presentan formas similares	Similitud de figuras de distinto tamaño separadas espacialmente que son superponibles mediante una transformación de escala.
H4= Grado en que las formas están conectadas como piezas	Presencia de conexiones geométricas internas y externas uniendo las piezas (soportes, columnas, elementos de transición, ...)

H5= Grado de armonización de los colores	Valoración alta para colores lisos o combinaciones bien armonizadas en función del balance de color conseguido
PAUTAS	EFECTOS SOBRE T I/O H
Simetrías bilaterales, translacionales y rotacionales	aumento de H al facilitar el reconocimiento
Yuxtaposición de diferentes materiales	reducción de H por rotura de simetría
Composición con formas distintas y próximas o composición incoherente	reducción de H al crear ambigüedad
Uso de elementos de conexión entre formas para dar lugar a coherencia	aumento de H por aumento de la relación transitiva entre formas
Uso de tonalidades bien conjuntadas de un color para conectar elementos	Aumento de H y reducción de T5
Uso de simetrías en las diferentes escalas	aumento de H manteniendo T constante
Ausencia de curvas, detalles y colores	reducción de T y aumento de H
Presencia de formas diversas sin coherencia mutua o expresamente arbitraria	reducción de H
Decoración excesiva	reducción de H y aumento de T
Adición de detalles y color	aumento de T y reducción de H

Tal como se deduce de este cuadro, las variables T y H se encuentran relacionadas, lo que justifica que en el proceso de diseño sea necesaria la elección de alternativas que permitan una maximización de ambas variables. Las decisiones que se tomen para aumentar la temperatura arquitectónica han de considerar en qué medida queda afectada la armonía.

En la figura adjunta se reproducen los valores de T y H estimados para tres casos extremos. El primero muestra una situación en la que un valor alto de T acompañado de un bajo valor de armonía H tiene como resultado una arquitectura *naif* (Simon Rodia, Watts Towers, Los Angeles, 1954). Se trata de una experiencia de autoconstrucción que Rodia inició en 1921 y finalizó en 1954 y en la que utilizó materiales sencillos como mortero, grava, metal y materiales de reciclaje como latas y botellas; el resultado que muestra un alto grado de temperatura (T=10) pero un valor bastante bajo de armonía (H=4). El segundo ejemplo muestra un buen equilibrio entre las dos variables. Se trata del edificio Carson, Pirie, Scott de Louis Sullivan, en Chicago (1899), en el que se conjugan una funcionalidad y estructura bien armonizadas con una decoración rica en detalles. En el tercer ejemplo se muestra un caso extremo de la arquitectura moderna, Notre Dame du Haut de Le Corbusier, en Ronchamp (1955), en el que tanto la armonía como la temperatura arquitectónicas presentan valoraciones muy bajas.

En tanto la temperatura y la armonía presentan una relación, Salingaros propone un indicador denominado vida arquitectónica que se obtiene del producto de estas dos variables. Las grandes obras de la historia de la arquitectura muestran una combinación adecuada entre la temperatura y la armonía en cada nivel de escala. Así, es frecuente que el nivel más bajo de escala sea más rico en detalles y colores lo que aumenta la temperatura arquitectónica, aun sacrificando en parte la armonía. En las escalas superiores se suele producir una reducción de la temperatura a favor de la armonía con el uso, por ejemplo, de las simetrías. Cabe decir que no son deseables unos valores muy altos de armonía puesto que es mejor que haya un cierto grado de azar y de temperatura en el diseño para evitar la sobrecarga sensorial. Un buen diseño se caracteriza por un equilibrio de temperaturas y armonías en cada una de las escalas para que así también el conjunto sea equilibrado.

Construcción	Lugar	Fecha	T	H	L	C
Partenon	Atenas	s V aC	7	8	56	14
Baptisterio	Pisa	s XI/XIV	7	8	56	14
Alambra	Granada	s XIV	10	9	90	10
Basílica de San Pedro	Roma	s XVI/XVII	10	6	60	40
Grande Place	Bruselas	1700	9	7	63	27
Carson, Pirie, Scott	Chicago	1899	7	8	56	14
Casa Batlló	Barcelona	1906	8	5	40	40
Watts Towers	Los Angeles	1954	10	4	40	60
Notre Dame du Haut	Ronchamp	1955	1	2	2	8
Terminal TWA	Nueva York	1961	3	2	6	24
Centro Pompidou	París	1977	6	4	24	36

Figura: Valores de temperatura (T), armonía (H), vida (L) y complejidad (C) de algunos edificios emblemáticos. Selección realizada a partir de Salingaros, N.A. (1997): Life and Complexity in Arquitecture From a Thermodynamic Analogy. Physics Essays, Vol.10. pp 165-173. Physics Essays Publications.

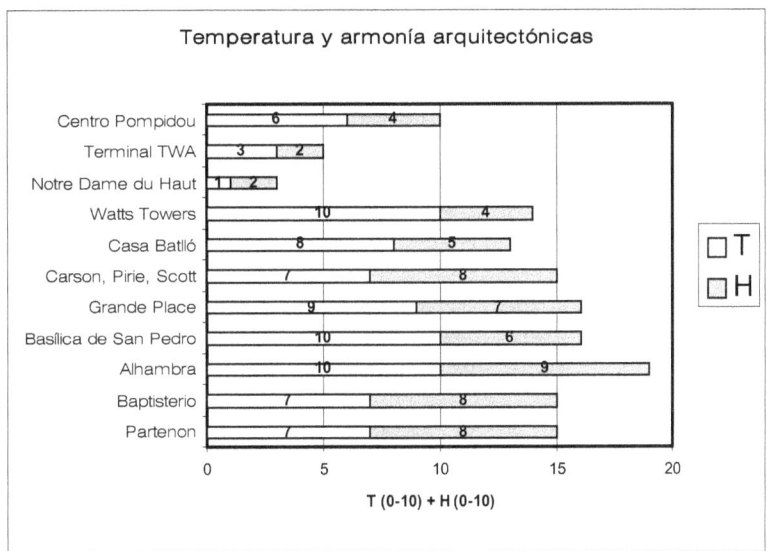

Arquitectura y medio ambiente

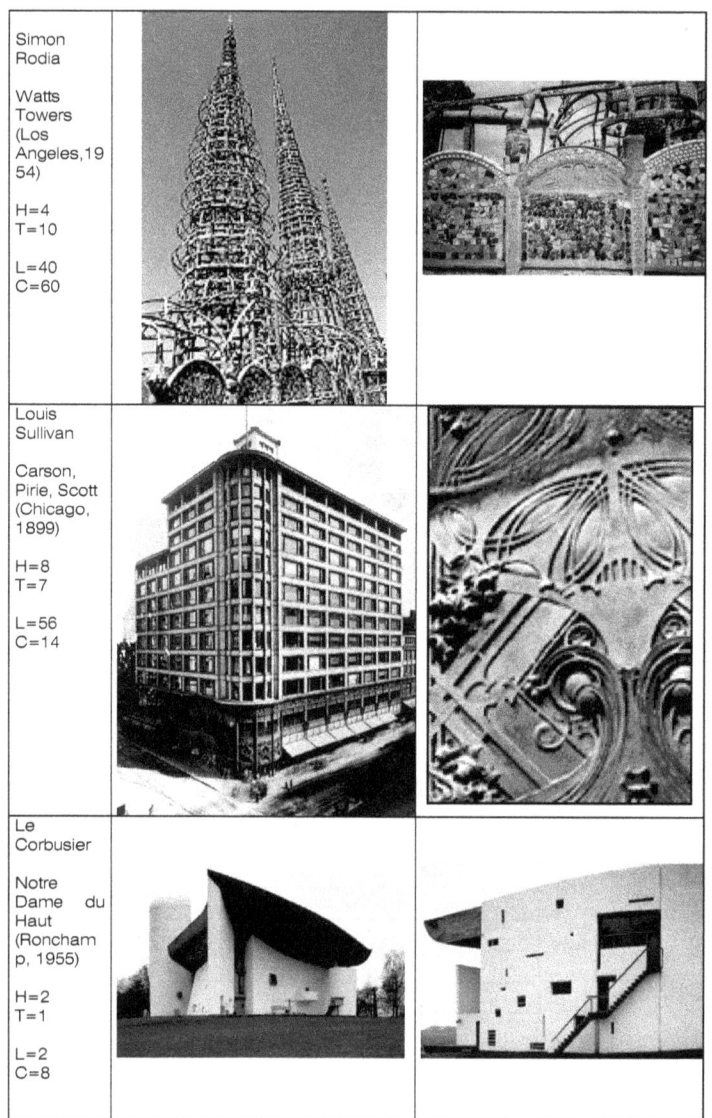

Simon Rodia Watts Towers (Los Angeles,1954) H=4 T=10 L=40 C=60		
Louis Sullivan Carson, Pirie, Scott (Chicago, 1899) H=8 T=7 L=56 C=14		
Le Corbusier Notre Dame du Haut (Ronchamp, 1955) H=2 T=1 L=2 C=8		

La complejidad es el cuarto atributo de calidad arquitectónica que propone Salingaros. El uso del color, del contraste de tonos, los detalles en el nivel de escala inferior o las curvas contribuyen a producir complejidad. Su valor se deduce de la temperatura y armonía arquitectónicas a partir de la expresión C= T·(10-H). La complejidad se valora en una escala de 0 a 100, que va desde diseños apagados o monótonos (de baja puntuación) hasta los más complejos que pueden alcanzar la incoherencia si las valoraciones son muy elevadas. La complejidad resulta del producto de la temperatura arquitectónica (T) con el déficit de armonía (10-H). El déficit de armonía representa la entropía arquitectónica S entendida como un grado de aleatoriedad en la aplicación de las pautas arquitectónicas en el diseño. Entonces la complejidad resulta de la combinación de la temperatura arquitectónica con la entropía (C = T·S).

Las arquitecturas poco armoniosas, con un exceso de detalles, se muestran como muy complejas (por ejemplo las Watts Towers de Los Angeles) como cabría esperar de su alto grado de entropía, por falta de coherencia de las pautas arquitectónicas. Al contrario, las obras muy armoniosas por la presencia, por ejemplo, de simetrías que además sean frías, dan lugar a valores bajos de complejidad. En las fotografías se muestra la sencillez del diseño del Seagram Building de Nueva York que en el trabajo de Salingaros se califica con T = 1, H = 8, L = T·H = 1·8 = 8 y C = T·(10-H) = 1·(10-8) = 2.

Figura 12: Mies van der Rohe & P. Johnson: Seagram Building. Nueva York, 1954-58.

El análisis de la relación entre vida arquitectónica y complejidad hecha para edificios emblemáticos muestra la tendencia general de los edificios históricos a presentar valores de vida arquitectónica altos y de complejidad moderados o bajos. Estas construcciones no presentaban sólo un objetivo funcional. El esfuerzo material y de tiempo invertido en su construcción revelan un interés que va más allá del utilitarismo y que se dirige al nivel emocional y simbólico. Los edificios representativos de la arquitectura moderna se muestran, en cambio, con valores bajos tanto de vida como de complejidad, porque presentan, en general, valores bajos de temperatura arquitectónica. Análisis más amplios mostrarían probablemente que buena parte de la arquitectura del siglo XX se encuentra en la misma situación.

El segundo principio de la termodinámica muestra que en un sistema físico como una máquina térmica la energía libre disponible y efectiva para producir trabajo (DG) es igual a la diferencia entre la energía aportada al sistema e inicialmente disponible (entalpía, DH) y la energía perdida que se invierte en producir desorden o entropía (DS). La cantidad de energía perdida en entropía es mayor cuanto mayor sea la temperatura del sistema (T·DS). El segundo principio se resume entonces con la siguiente expresión: DG = DH-T·DS.

Se puede establecer una analogía entre un sistema termodinámico y un sistema arquitectónico por aplicar el mismo principio. La diferencia inicial básica entre ambos es que el sistema arquitectónico no usa unidades específicas y éstas son de tipo dimensional y discontinuas mientras que en los sistemas termodinámicos los valores de las variables son continuos.

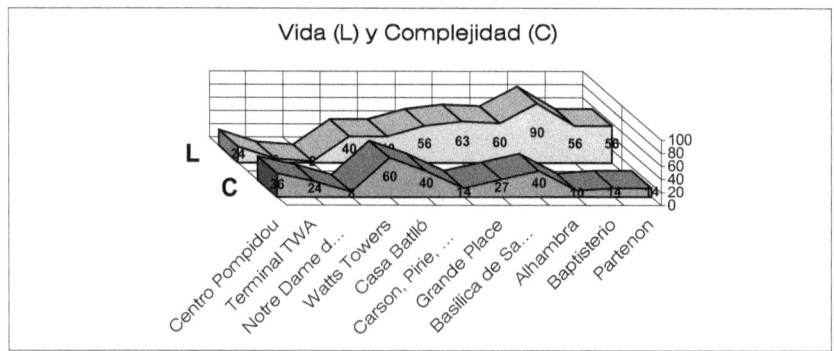

Sistemas y arquitectura

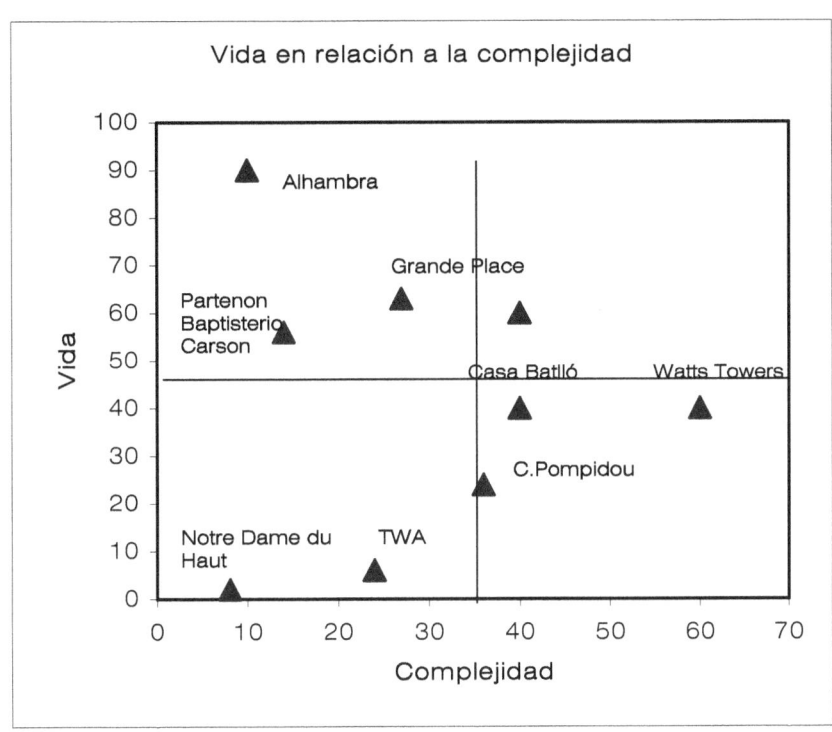

Las equivalencias propuestas entre los dos sistemas son las siguientes:

sistema arquitectónico	sistema termodinámico (por ejemplo una máquina térmica)	justificación de la analogía
temperatura arquitectónica (T)	temperatura (T)	temperatura arquitectónica como medida cuantitativa de la abundancia de recursos de diseño ($T=\sum Ti$) (escala 0-10)
armonía arquitectónica (H)	estructura funcional, orden del sistema material que hace más eficiente a la máquina termodinámicamente (equivalente a información acumulada en la estructura)	armonía arquitectónica como medida de la aplicación de pautas (simetrías, repetición de formas a las distintas escalas, conectividad de piezas en la estructura, armonización de colores y tonos,...)

entropía arquitectónica (S)	entropía (S)	valor de aleatoriedad de la aplicación de pautas en el diseño. Es un parámetro opuesto a la armonía (H). S=10-H (escala 0 a 10)
Complejidad arquitectónica (T·S)	T·S Energía que se invierte en desorden molecular (dependiente de la temperatura)	Producto de la abundancia de recursos de diseño que contribuyen a la temperatura arquitectónica (T) por la entropía arquitectónica (S) o aleatoriedad de la aplicación de pautas de diseño
entalpía arquitectónica	entalpía: $\Delta Ht = \Delta G + T \cdot \Delta S$ energía disponible *a priori* (energía total aportada a la máquina térmica)	Representa todos los recursos de diseño aportados que contribuyen tanto a la vida arquitectónica como a la complejidad. Es la suma de los valores de la vida arquitectónica más la complejidad (L+C). En el modelo se le da un valor máximo arbitrario de 100. Este valor se obtendría si T=10 de forma que 10·T =100
vida arquitectónica (L) o energía arquitectónica	energía libre (G) disponible descontada la entropía (T·S). Es la energía útil para producir trabajo en una máquina térmica	Resultado de la aplicación de los recursos de diseño (10·T) menos la complejidad (entropía o neguentropía como recursos sacrificados en obtención de armonía). Es equivalente al trabajo termodinámico de una máquina y indica los resultados efectivos del diseño (trabajo efectivo obtenido con el diseño)

Expresiones fundamentales del sistema arquitectónico	Expresiones fundamentales del sistema termodinámico	Justificación/ejemplos
L=10·T-C L= T·H Vida arquitectónica (L) como resultado de la aplicación de recursos de diseño (T) menos la complejidad obtenida por la aplicación de pautas. de diseño.	$\Delta G = \Delta H - T \cdot \Delta S$ La energía disponible para producir trabajo resulta de la energía inicialmente disponible menos la energía usada en la creación de desorden en el sistema	Diseños con pocos recursos de detalle a la escala inferior (diseños fríos) que apliquen además pautas poco coherentes obtienen valores de vida arquitectónica muy bajos (propios de la arquitectura moderna) Diseños ricos en detalles de color, curvas, elementos pequeños perceptibles y asimétricos,... combinados con pautas coherentes y bien enlazadas en las distintas escalas obtienen valores de vida arquitectónica altos.

Sistemas y arquitectura

$C = T \cdot S$ $C = T \cdot (10-H)$ Complejidad como valor negativo de la vida arquitectónica	$T \cdot \Delta S$ Energía perdida por el sistema en desorden molecular (entropía S). Depende de la temperatura del sistema	Diseños con una alta temperatura de diseño y a la vez desordenados (de alta entropía o poca armonía) muestran una alta complejidad que los hace poco comprensibles o incoherentes. Diseños con temperaturas altas y bien pautados (armonía alta por la presencia de simetrías por ejemplo) presentan un valor de complejidad moderado que tiene como resultado diseños comprensibles y coherentes. La arquitectura moderna utiliza valores de T bajos y de entropía bajos (alta armonía). El resultado es una baja complejidad. Sin embargo la vida arquitectónica sigue siendo baja puesto que el término $10 \cdot T$ de la expresión $L = 10 \cdot T - C$ también es bajo. La arquitectura tradicional y vernácula así como determinadas obras de la arquitectura moderna presentan valores de complejidad bajos o medianos pero temperaturas altas por la abundancia de recursos de detalle con lo que obtiene buenos resultados de vida arquitectónica L.
$S = 10-H$	Entropía	Entropía arquitectónica derivada de la aplicación inadecuada (deseada o no) de pautas.
$H = 10-S$ Si $L = 10 \cdot T-C$, $L = T \cdot H$ y $C = T \cdot S$ entonces $T \cdot H = 10 \cdot T - C$ $T \cdot H = 10 \cdot T - T \cdot S$ $T \cdot (10-S) = T \cdot H$ $H = 10-S$	Neguentropía	Armonía como función opuesta a la entropía

sistema físico termodinámico	$\Delta G = \Delta H - T \cdot \Delta S$ energía libre = energía disponible - pérdidas	sistema congelado $T = 0$ $\Delta G = 0$	sistema activo $T =$ valor $\Delta G =$ valor
sistema arquitectónico	$L = \Delta G$ $C = T \cdot \Delta S$ $\Delta H = 10 \cdot T$ $L = 10 \cdot T - C$ Vida arqui. = temperatura arquitec-complejidad	arquitecturas frías T? 0 L? 0	arquitecturas vivas $0 < T < = 10$ $0 < L < = 100$

Arquitectura y medio ambiente

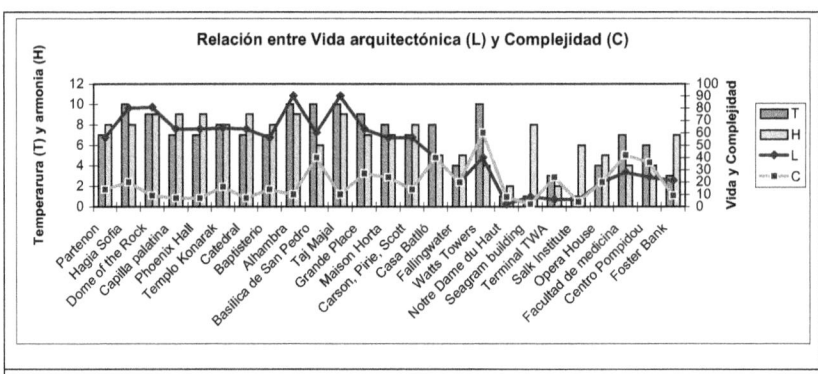

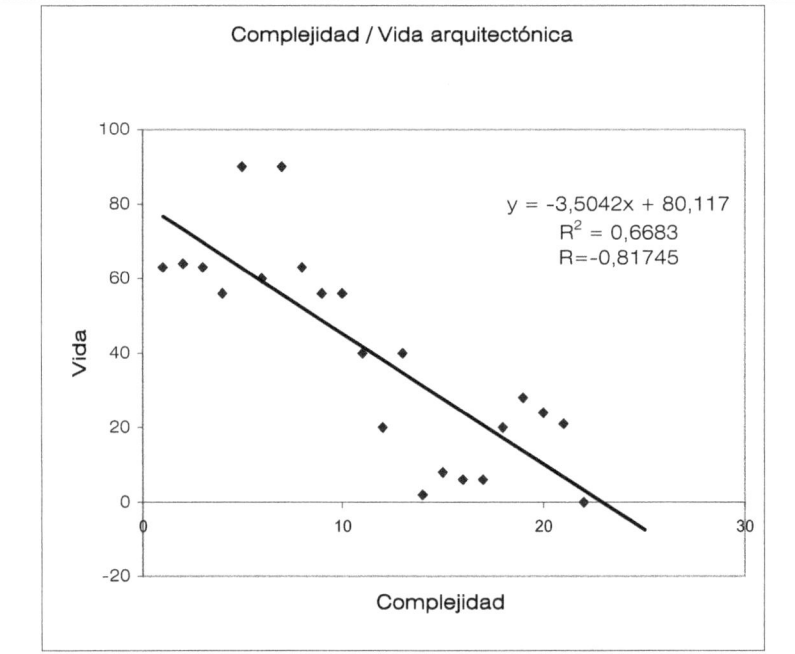

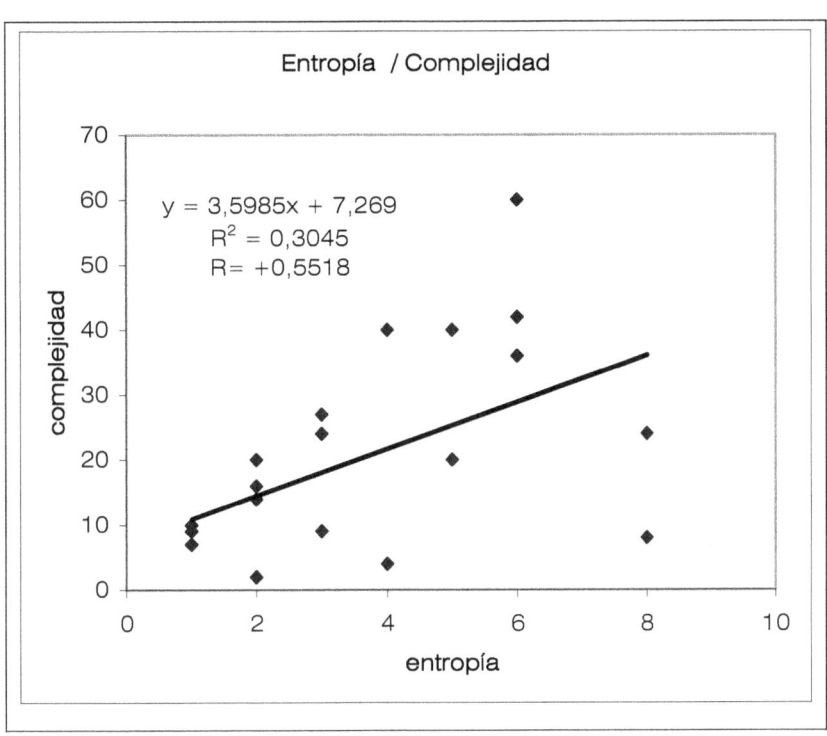

---

[1] Brown, A. (2001): *Architecture as system: the book*, en http://www.geocities.com/archinode/index.htm
[2] Ver Toulmin, S.(1977). *La compresión humana. El uso colectivo de los conceptos*. Capítulo 4, Alianza Universidad, Alianza Editorial, Madrid.
[3] Weinberg,G.M: "Una aproximación por computadores a la teoría general de sistemas," en Bertalanffy et al. (1978): *Tendencias en la teoría general de sistemas*. Alianza Universidad, Alianza Editorial, Madrid.
[4] Obra citada, página 283.
[5] Ver J.L. Lemke (1993): *Discourse, Dynamic, and Social Change* en *Language as Cultural Dynamic*. Special issue of Cultural Dynamics, M.A.K. Halliday, Issue Editor.
[6] Ver J.L. Lemke: obra citada, 1993.
[7] Jay L. Lemke en: «Discourse, Dynamics, and Social Change». *Cultural Dynamics* 6(1): 243-275. [Special issue, Language as Cultural Dynamic, M.A.K. Halliday, Issue Editor]. 1993.
[8] Esta teoría, atribuible a M.A.K. Halliday, J.L. Lemke y a P. Thibault entre otros autores deriva de los estudios de semántica de textos, inspirados en los trabajos pioneros de lingüística social de M. Bakhtin y en la más reciente semántica funcional de Halliday. Ver la revisión sobre este tema en J. L. Lemke 243-

275, obra citada, pp.
[9] Jesper Hoffmeyer: Biosemiotics: *Towards a New Synthesis in Biology*. European Journal for Semiotic Studies, Vol. 9 No. 2, 1997, pp 355-376.
[10] Ver Kauffman, S.A. (1993). *The origins of order: self-organization and selection in evolution*. Oxford Univ. Press. y también Kauffman S. A. (1995) *At Home in the Universe: The Search for Laws of Self-Organization and Complexity*. Oxford University Press, Oxford.
[11] Ver al respecto los planteamientos del "Principia Cybernetica Project" en el escrito de F. Heylighen, C. Joslyn: Physical constructivism en http://pespmc1.vub.ac.be/PHYSCONS.html.
[12] Ver Mikiten, T.M.; Salingaros, N.A. (2000): "Darwinian Processes and Memes in Architecture" en http://www.math.utsa.edu/sphere/salingar/Darwinian.html.
[13] Gabora, L. (1997): "The origin and Evolution of Culture and Creativity". *Journal of Memetics - Evolutionary Models of Information Transmission*, 1, en http://www.cpm.mmu.ac.uk/jomemit/voll/gabora_1.tml
[14] Richard Dawkins acuñó el término memes como un replicador de la información cultural partiendo de la analogía de los genes como replicadores de la información genética, en *The selfish gene* (1976).
[15] Citado por Stephen Toulmin (1977): *La comprensión humana I. El uso colectivo y la evolución de los conceptos*. Alianza Universidad, Alianza Editorial.
[16] Ver Gabora, L. ,obra citada (1997).
[17] Kanerva ha planteado un modelo matemático para representar las distancias entre versiones de un meme en este espacio figurado. Si L es el número de posibles características que identifican un meme, definido éste como un vector multidimensional, entonces el número posible de memes es del orden de 2^L. En realidad el número real es mucho menor que el teórico por lo que se suele definir en la hiperesfera un radio k que comprende las versiones del meme que se encuentran más vinculadas. En este modelo matemático-topológico, las distancias entre las versiones de un meme de distribuyen según una campana de Gauss o curva normal.
[18] Ver Wilkins, J.S. (1998): "What's in a Meme? Reflections from the perspective of the history and philosophy of evolutionary biology". *Journal of Memetics-Evolutionary Models of Information Transmission*, 2, en htttp://www.cpm.mmu.ac.uk/jom-emit/1998/vol2/wilkins_js.html.
[19] En estos momentos el autor se encuentra preparando una tetralogía titulada *The Nature of Order*, que será publicada por la Oxford University Press, en la que compila su trabajo de los últimos treinta años. En esta obra establece una nueva teoría de la arquitectura. Sus ideas están teniendo un importante impacto sobre otros campos del conocimiento, como en la teoría de la programación en informática, la sociología, la filosofía o el arte.
[20] Alexander, Christopher (1979). *The Timeless Way of Building*. Oxford University Press, Nueva York.
[21] Seamon: "Concretizing Heidegger´s Notion of Dwelling: The Contributions of Thomas Thiis-Evensen and Christopher Alexander":en http://www.theo.tu-cottbus.de/Wolke/eng/Subjects/982/Seamon/seamon_t.html
[22] Alexander, Christopher, Sara Ishikawa, Murray Silverstein, Max Jacobsen, Ingrid Fiksdahl-King, and Shlomo Angel (1977): *A Pattern Language*. Oxford University Press, Nueva York.
[23] Salingaros, N.A. "Las leyes de la arquitectura desde la perspectiva de un físico". *El hombre y la máquina* nº16, pp. 12-23, abril 2001.
[24] Salingaros N.A, obra citada (2001).
[25] Los libros de Peter Blake y Tom Wolfe inciden en este problema. Josep Muntañola analiza el diseño arquitectónico como un proceso que tiene como resultado la generación del lugar (la topogénesis) a partir del desarrollo del cuerpo individual de la persona en dialectica con un medio físico y social, produciendo así una transformación progresiva y democrática del concepto del lugar y, por tanto, de la adecuación del diseño de la obra arquitectónica a esta imagen colectiva; en Muntañola, J. (1979). *Topogémesis Uno. Ensayo sobre el cuerpo y la arquitectura*. Oikos Tau. Vilassar de Mar.
[26] Este trabajo está recogido en la obra citada de Alexander, Christopher, Sara Ishikawa, Murray Silverstein, Max Jacobsen, Ingrid Fiksdahl-King, y Shlomo Angel. Una revisión de estos mismos tópicos aparecerán en la próxima publicación de *The Nature of Order* ya citada.
[27] Obra citada (2001).
[28] Una relación alométrica hace referencia a las diferencias de tamaño de estructuras que habitualmente presentan una desigual pauta de crecimiento, según tasas específicas de cada estructura. Por ejemplo, la superficie de la copa de un árbol en relación a la longitud del tronco preesenta una relación alométrica.
[29] Fibonacci (Hijo de Bonaccio) se llamaba realmente Leonardo de Pisa y descubrió esta serie en 1202. Este matemático introdujo la numeración indoarábiga en Europa.
[30] Stewart, Ian (1998): *El segundo secreto de la vida*. Ed. Crítica, pp 34-38.
[31] Salingaros, N.A. (1997): Life and Complexity in Arquitecture From a Thermodynamic Analogy. Physics Essays, Vol.10. pp 165-173. Physics Essays Publications.

III   Hombre y biosfera

III.1 El hombre en la biosfera

En relación con los ecosistemas, el hombre puede situarse según dos posiciones diferentes. La primera concibe que el hombre forma parte del sistema con el que interacciona y es además uno de los últimos niveles tróficos del mismo. La segunda, por razones prácticas, entiende el hombre y sus actividades como un agente externo a los ecosistemas y a la biosfera en su conjunto.

Esta última posición externalizada es, por practicidad, la más ampliamente adoptada en la mayor parte de los estudios ambientales. La primera posición sería, desde una perspectiva integradora, la más conveniente en tanto que el hombre presenta un comportamiento equiparable al de algunos depredadores que usan los recursos alimenticios de distintos ecosistemas ubicados en grandes territorios. Según esta perspectiva, la explotación de los recursos por parte del hombre es ecológicamente equiparable al comportamiento de los herbívoros gregarios que presentan migraciones regulares en busca de pastos frescos o al de los superdepredadores que buscan sus presas en amplias zonas, ya que éstas se desarrollan en hábitats distintos. En estos casos se pone de manifiesto una gran capacidad de movilidad horizontal dirigida a la obtención de los recursos.

Este comportamiento es ecológicamente equivalente al practicado actualmente por el hombre, que explota los recursos en las esferas local y global. El comportamiento ecológico del hombre ha seguido la misma tendencia que presentan los superdepredadores. Desde el hombre cazador recolector hasta el establecimiento de los primeros asentamientos humanos en los que se practicaba la agricultura y la trashumancia se mantuvo una regulación mutua que conducía a un equilibrio entre el desarrollo demográfico y el mantenimiento de los recursos locales.

La diferencia esencial es que al hombre ya no le es necesario el movimiento de su propia biomasa para alcanzar los recursos. Los sistemas de transporte permiten esta explotación de los recursos a grandes distancias y en cantidades muy considerables.

La evolución demográfica de la población humana de los últimos siglos ha dado lugar a un progresivo incremento de su área de influencia hasta desembocar en la etapa actual, en la que la interacción del hombre abarca toda la biosfera, una vez que la estrategia de las fronteras se ha ido disolviendo con la globalización de la economía. Los impactos ambientales de este comportamiento se manifiestan como consecuencia de tres causas externas generales: la explotación de los recursos, la polución y las perturbaciones de los sistemas naturales.[1]

La explotación de los recursos, la polución y las perturbaciones

La utilización de recursos renovables y no renovables dirigidos a los procesos de producción y consumo inciden en la biosfera causando su simplificación. Estos mismos procesos derivan de la acumulación de residuos sólidos, líquidos y gaseosos que generan polución. Margalef resume la relación entre los recursos y la polución con la reflexión según la cual la contaminación es el precio que hay que pagar por la inexistencia de un retorno de los residuos a los lugares de donde han sido extraídos los recursos. Los centros de transformación y consumo utilizan a medias los recursos para abandonarlos donde no puedan producir problemas de salud al hombre de una forma inmediata. La exportación de estos residuos al entorno incide negativamente sobre los ecosistemas receptores y da lugar a impactos medioambientales de diferente naturaleza que producen regresión de los ecosistemas y su consiguiente simplificación, derivada de la desestructuración estructural y funcional.

El ámbito territorial de la explotación humana alcanza en la actualidad prácticamente toda la biosfera. Esto es posible por la gran capacidad de transporte horizontal que tiene el hombre. En la mayor parte de los ecosistemas el transporte de la materia sigue un eje dominante vertical derivado de la fotosíntesis y de la gravedad, de manera que la producción de las zonas superiores fotosintetizadoras es explotada por las zonas inferiores, que reciben la materia y la energía. Esto es evidente en un bosque, donde el estrato arbóreo alimenta la miríada de pequeños organismos que conforman la red trófica del suelo, pero también en las aguas, donde el plancton de las zonas iluminadas permite el mantenimiento final de los organismos que viven en el fondo (bentos) ya que reciben el alimento por sedimentación de la biomasa producida por los estratos superiores.

El transporte horizontal de materia y energía en los ecosistemas supone una parte muy pequeña del total y se lleva a cabo por un número reducido de poblaciones animales. Lo más habitual es que este transporte sea más o menos aleatorio y muy localizado, de forma que no suelen producirse acumulaciones en puntos determinados. Sólo ciertas especies, como por ejemplo determinados insectos con comportamiento social, producen transportes asimétricos que significan una acumulación. Sin embargo, en el conjunto del sistema estas rutas están más o menos equilibradas. Otra situación es la derivada de la explotación de territorios amplios realizada por poblaciones con capacidad migratoria a las que antes hacíamos referencia. La explotación de recursos de distintos ecosistemas les permite escapar de los circuitos de regulación local que limitarían su desarrollo.

La historia ecológica de la población humana con relación al transporte nos muestra cómo el hombre se ha comportado de forma parecida a las especies con capacidad migratoria pero en un orden de magnitud mucho mayor, tanto en lo que se refiere a la forma de realizar este transporte, como relación a la cantidad y diversidad de recursos movilizados. El nomadismo itinerante fue, y aún es hoy en día, una expresión de este tipo de comportamiento. Sin embargo, se ha de decir que actualmente el hombre transporta los recursos no de forma aleatoria sino a sus centros de transformación y de consumo, lo que significa la acumulación de residuos sólidos, líquidos o gaseosos, es decir, contaminación.

La invención de la agricultura supuso la producción de unos excedentes que permitieron que una parte de la población se dedicara a otras funciones concentradas en asentamientos humanos. En el sentido ecológico, estos asentamientos actúan como sistemas heterotróficos muy complejos y bien organizados que han ido explotando zonas cada vez más amplias del territorio para alcanzar, en la actualidad, prácticamente toda la biosfera. La explotación, además, no se circunscribe a los ecosistemas naturales y agrarios sino que incluye otros sistemas humanos. Expresiones concretas de este fenómeno de explotación son las relaciones asimétricas existentes en el sistema de ciudades como una consecuencia del actual orden económico internacional. Además, al igual que los ecosistemas naturales se produce una explotación de los niveles tróficos superiores sobre los inferiores (induciendo así una mayor tasa de renovación de éstos), se pueden reconocer relaciones similares entre los diferentes grupos de poder existentes en los sistemas urbanos.

El sistema de ciudades a escala global se comporta, en términos ecológicos, como una gran unidad que explota la biosfera en su conjunto. En los últimos decenios se observa una tendencia general a la urbanización de la población humana derivada tanto del espectacular crecimiento demográfico como de la aplicación de tecnologías agrícolas y ganaderas de carácter intensivo que precisan una menor dedicación de recursos humanos y que motivan el abandono del mundo rural.

La población mundial tiende a concentrarse actualmente en grandes núcleos urbanos que además marcan una área de influencia sobre el territorio de una forma difusa. Los patrones imperantes en la planificación y en el desarrollo urbano en las diferentes regiones mundiales están produciendo fuertes impactos medioambientales sobre el territorio y déficits en la calidad de vida de sus habitantes. Estos patrones aparecen como deficientes y se expresan, en el fondo, de una forma muy parecida en todo el mundo. Los déficits de servicios y de calidad de vida urbana de las ciudades de regiones en vías de desarrollo son una manifestación a medio camino del modelo dominante de planificación urbana del primer mundo, en la que se reproduce el comportamiento insostenible del círculo vicioso de explotación, polución y perturbaciones medioambientales.

Además de la explotación, el transporte y la concentración de los recursos y sus consecuencias derivadas de contaminación, las perturbaciones de los ecosistemas constituyen la tercera causa de impacto ambiental. La perturbación se considera hoy en día, en ecología, como una característica consubstancial de los ecosistemas, de forma que éstos estarían sujetos continuadamente al cambio inducido desde fuera. Los ecosistemas maduros han aprendido a contrarrestar las perturbaciones naturales y de carácter recurrente ya que sus efectos son asimilados hasta cierto punto por la capacidad homeostática del ecosistema. Así, por ejemplo, la selección de estrategias de adaptación de muchos vegetales al incendio en los ecosistemas de la cuenca mediterránea se manifiesta en la capacidad de rebrotar a partir de la cepa o por la resistencia de las semillas de las plantas a la acción del fuego. La recuperación del ecosistema tras el incendio es entonces posible y se inicia una sucesión ecológica secundaria que conduce a un estadio bastante parecido al existente antes de la perturbación.

Las perturbaciones inducidas por el hombre presentan múltiples manifestaciones y algunas derivan de actuaciones sobre otros ecosistemas relacionados. Así, por ejemplo, la sobreexplotación de los acuíferos induce a cambios sobre la regularidad del caudal de los ríos, sobre el ecosistema fluvial y sobre la vegetación de ribera asociada al río, como consecuencia del descenso del nivel freático. La introducción de especies vegetales extrañas dirigidas a una mayor producción forestal constituye una perturbación del ecosistema preexistente de consecuencias bien diversas.

Efectos de los impactos medioambientales sobre el ecosistema

La actuación del hombre, a través de la explotación de los recursos, de la polución y de otras perturbaciones, tiene como resultado general la regresión de los ecosistemas en el sentido ecológico del término. La regresión se manifiesta con una serie de cambios de sentido opuesto a las tendencias que se producen en la sucesión ecológica en su concepción holística. Algunos de estos cambios son:
- el aumento de la productividad,
- el aumento de la tasa de renovación (y la disminución del tiempo de renovación),
- la disminución de la diversidad de especies,
- el incremento del número de relaciones de competencia entre las poblaciones que comparten algún recurso,
- aumento de la proporción de estrategas de la r frente a los estrategas de la K,
- reducción de la complejidad y de la estructura del sistema.

Los resultados de la regresión se manifiestan con un rejuvenecimiento del ecosistema. Este fenómeno se ha observado también en los ecosistemas que no presentan una intervención humana. En determinados ecosistemas, los niveles tróficos superiores, por ejemplo los herbívoros de la sabana africana, explotan continuadamente el nivel de los productores primarios, por lo que este nivel trófico se mantiene en un estadio inmaduro. De esta manera obtienen el máximo alimento, ya que la simplificación conduce a un aumento de la productividad y a una disminución del tiempo de renovación de su biomasa, lo que es beneficioso para los herbívoros.

En el modelo según el cual el hombre forma parte del ecosistema, éste aparece como un nivel trófico superior que explota los niveles inferiores y produce su simplificación. Esta perspectiva no nos puede conducir a planteamientos erróneos según los cuales la regulación mutua entre los distintos niveles tróficos actuaría al fin regulando las relaciones del hombre sobre el ecosistema. Desde el punto de vista ecológico el comportamiento del hombre es inédito en la naturaleza puesto que las innovaciones humanas presentan unas características inéditas para los ecosistemas. La existencia de mecanismos de autorregulación entre niveles tróficos no significa que no pueda producirse el colapso del sistema. La propia realidad del estado de la biosfera nos lo muestra con muchos ejemplos.

En el sentido termodinámico, la acción del hombre sobre los ecosistemas se traduce en una aceleración de los flujos de materia y energía que da lugar a un mayor desorden (entropía) e incertidumbre en el entorno. El resultado es la simplificación de los ecosistemas, tanto los explotados como los que son receptores de los residuos de la actividad humana.

III.2 La ciudad como ecosistema

La ecología, basándose en la teoría ecológica, ha evidenciado ciertos paralelismos entre los procesos y leyes de los ecosistemas naturales y los sistemas urbanos. Esta constatación es resultado de la naturaleza de la ciencia ecológica como ciencia de síntesis, pues se pueden aglutinar una serie de hechos y conceptos propios de la teoría ecológica que son aplicables en otros contextos como son las ciudades o en otros sistemas humanos de otros momentos de la historia ecológica. Cabe reconocer, sin embargo, que el enfoque es incompleto y abierto, y que no puede abarcar toda la realidad y complejidad de la realidad urbana. Otras disciplinas se encuentran en la tarea de entender el fenómeno urbano como un sistema de relaciones.

Esta perspectiva concibe la ciudad como un sistema abierto que presenta unos intercambios y una dependencia del exterior por lo que respecta a la materia y la energía, con una estructura compleja, una comunidad biológica conformada por las poblaciones de animales y vegetales incluida la población humana, una estructura que se manifiesta con artefactos construidos por el hombre como edificios, calles, infraestructuras de abastecimiento y de saneamiento, y un metabolismo interno que renueva las estructuras y dinamiza el sistema en su conjunto.

De forma muy simplificada se pueden formular algunos principios sobre el sistema urbano, en concreto[2]:
- La ciudad presenta un medio fisiográfico definido que condiciona su extensión y estructura (clima, suelos, orografía, hidrología,...).
- Presenta una biocenosis o comunidad de organismos entre los cuales el hombre aparece como controlador de las diversas especies a través de sus actividades.
- Su estructura (o forma) es compleja y cambiante dependiendo básica

mente de las condiciones físicas y biológicas y de las decisiones humanas, lo que condiciona en parte su forma y extensión así como la vida de sus habitantes.
- La ciudad presenta un metabolismo similar al de un organismo vivo. La ciudad importa materia y energía, en forma de alimentos, materiales de construcción, energía de distintos tipos, agua e información, y exporta residuos sólidos, aguas residuales, productos, información, etc. Por tanto, es un sistema abierto y muy heterotrófico ya que depende de forma muy importante de los recursos del territorio exterior (derivados de la agricultura, ganadería, pesca, recursos minerales, productos de otras ciudades, información científica, tecnológica, cultural, financiera,...) situados en lugares más o menos alejados.
- En el interior de la ciudad se producen unos flujos heterogéneos de materia y energía variables según las zonas debido a condicionantes físicos, a las decisiones políticas y a las actividades humanas (industrial, comercial,...). Consecuentemente, el sistema urbano no es homogéneo en su extensión como resultado de este flujo heterogéneo. La heterogeneidad se reconoce por la diferenciación de distintas zonas ecológicas que se manifiestan por el cambio de la estructura y de factores ambientales y sociales, heterogeneidad que se puede plasmar en un mapa ecológico.
- En el sistema urbano circula también una información que regula los flujos internos, el diseño y función de las estructuras y los intercambios con el territorio cercano o muy lejano.

Cabe añadir que los factores de tipo ambiental condicionan la calidad ambiental de la población urbana. Sin caer en un determinismo de esta clase es evidente que, además de otros factores de tipo psicológico, social, cultural y económico, las características ecológicas del medio urbano condicionan la calidad de vida de sus habitantes. De hecho, se han realizado distintas aproximaciones integrales en las que lo ecológico, psicológico y social se consideran conjuntamente.[3]

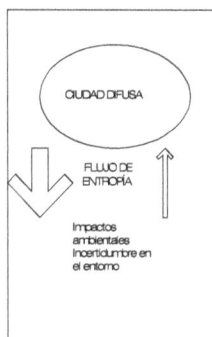

Información y ecosistema urbano

Los flujos de materia y energía en el ecosistema urbano se encuentran canalizados en función de la información que circula. A parte de la información genética disponible en el ADN de los seres humanos y otros organismos de la ciudad, en el ecosistema urbano circula información cultural que condiciona los flujos de materia y energía. Cabe decir que los intentos de cuantificación y distinción de las rutas que sigue la información es un tema no resuelto, ya que la información presenta una complejidad muy elevada y se resiste a un análisis comprensible. Sin embargo, es muy importante dilucidar la cantidad y distinguir los flujos de información ya que el contenido de información es un indicador muy interesante para conocer la complejidad del ecosistema urbano.

En todo caso se ha asociado la información del sistema a dos conceptos concretos: el de diversidad del sistema y el de los flujos de potencia de la energía. Cuanto más diverso en elementos sea un sistema más complejidad acumula y, por tanto, presenta un alto contenido de información. Un sistema complejo es muy eficiente por lo que respecta a los usos de los recursos materiales y energéticos ya que posee un número elevado de circuitos de regulación y control. El resultado de todo ello es que un sistema con una alta diversidad de elementos, complejo y rico en información, es un sistema estable y bien regulado.

Podemos preguntarnos qué tipo de elementos son significativos en este contexto informativo. En concreto los individuos y sus atributos, y las actividades que presenten circuitos de relación y de regulación con los individuos y otras actividades. Por otro lado, en el ecosistema urbano se generan artefactos que acumulan información. De un lado la forma de la ciudad, sus estructuras e infraestructuras (edificios, canalizaciones, etc.) y la información acumulada en soportes materiales (*software*, libros, etc.) serían elementos significativos informativamente en el sistema urbano. Como escribe Salvador Rueda[4] el hombre puede ser considerado como un ente poliédrico de múltiples caras que intercambia información con otros hombres a su vez poliédricos. Además, las organizaciones, como un nuevo poliedro surgido de la asociación de los individuos, presentan asimismo interconexiones con superestructuras similares con las que intercambian información funcional y operativa para su funcionamiento en el contexto del medio urbano. Por otro lado, la administración, las grandes corporaciones y organizaciones internacionales así como la legislación trazan las reglas del juego que se han de seguir para el intercambio de información.

El mismo autor ha propuesto una serie de elementos portadores de información que pueden describir la diversidad del sistema urbano. Cada uno de ellos presenta un grado de diversidad en sí mismo en función de sus características. La integración de estas diversidades puede iluminar el grado de diversidad de un sistema del nivel jerárquico que se quiera (barrio, ciudad,

pueblo, territorio,...) aportando información de la densidad y mixticidad de usos. Los elementos generadores de diversidad propuestos por este ecólogo son los siguientes:
1. Diversidad biológica: número de especies presentes. Dependerá en buena parte de las zonas verdes existentes y de su calidad.
2. Acumulación de información reglada: riqueza y eficacia del sistema educativo y de otros centros de formación reconocidos. Los títulos académicos actúan como elementos diferenciadores y descriptores del individuo respecto a su información acumulada.
3. La diversidad de profesiones.
4. Estructura de las clases de edad: sobretodo por lo que hace a la convivencia de diversas generaciones en un mismo tiempo dada la importancia de la acumulación de la información de los grupos de más edad sobre los de menor edad.
5. Diversidad de rentas: como indicación del grado de segregación social y de los intercambios de la renta entre las clases.
6. Complejidad de la sociedad civil: las entidades asociativas dan respuesta a las expectativas sociales y al funcionamiento general del sistema en tanto que condicionan las decisiones. Un alto grado de diversidad de asociaciones significa un alto grado de control y regulación del sistema.
7. La diversidad de usos del territorio: residencial, zonas verdes, equipamientos, industriales, etc.).
8. La ocupación del espacio para actividades económicas: según la diversidad de tipología y los sectores de actividad.
9. Poder organizado (político, legislativo, económico, judicial, sindical, gremial, investigación,...): como formas organizadas de gran poder de decisión y que condicionan en buena parte el funcionamiento del sistema, la acumulación de información, de control del presente y del futuro.

La diversidad H del sistema resultaría, pues, de la suma de las diversidades de cada uno de los elementos generadores de diversidad citados anteriormente ($H = Ó H_i$). Sin embargo, cabe decir que esta es una simplificación que exige un posterior análisis puesto que el peso de cada factor no es equivalente. Además, algunos elementos de diversidad están correlacionados entre sí ya que al aumentar la diversidad de uno de los elementos aumentan en un grado concreto otro u otros elementos generadores de diversidad. Tampoco debe ignorarse la importancia del mantenimiento en el tiempo de la diversidad (su persistencia) y el espectro o peso relativo de cada uno de los elementos generadores de diversidad. A pesar de todo ello este indicador H puede ser de interés en tanto el aumento de su valor para un espacio en concreto permite presumir que las disfunciones del sistema disminuyen y, por tanto, aumenta el grado de sostenibilidad.

Junto a los elementos generadores de diversidad se han de considerar las redes de intercambio de información, de materia y energía por su efecto multiplicador del intercambio de la información acumulada en los portadores de información. Cuanto más rica y compleja sea cada red más diversidad se generará en el sistema. La complejidad de una red concreta deriva del número de intercambios de información que vehicula y de la diversidad de modos de direccionamiento que permite. Por ejemplo, para la red viaria los diferentes medios (automóvil, bicicleta, autobuses, tranvías, etc.) presentan una capacidad de transporte concreta. La misma valoración se podría hacer para el resto de redes (de intercambio de información y de dinero). De cada red puede definirse un factor multiplicativo. Estos factores permiten corregir el índice de diversidad H por el índice corregido Hc mediante la expresión:

$Hc = (t + f + m) \cdot H$

donde: t es el factor que resulta de la red de movilidad, f es el factor que resulta de la red que posibilita el intercambio de información (por ejemplo por el peso relativo y número de intercambios por teléfono, fibra óptica, correo,...) y m es el factor de intercambio económico que posibilita un número de transacciones determinado en diferentes modos de cambio monetario.

La determinación de Hc en momentos diferentes del sistema urbano permitirían informar sobre la evolución de la complejidad y organización del sistema urbano. La utilización de este análisis en la ciudad o barrio es por ahora más teórica que operativa debido a la complejidad que presenta. Sin embargo, el análisis cualitativo permite reconocer que la ciudad presenta, en diferentes tiempos, diferentes grados de complejidad (tendentes a una mejor autoorganización). Esta reflexión teórica es necesaria para informar sobre las necesidades y tendencias de cambio en la planificación urbanística en el territorio valorando por ejemplo la persistencia de sectores urbanos con unos bajos nivel de complejidad.

Otros elementos que en ecología se usan para indicar el estadio de sucesión del ecosistema son la energía utilizada y la biomasa total del ecosistema. El cociente entre estos dos factores nos da una idea de la productividad del sistema. En sistemas maduros la productividad es más bien baja puesto que buena parte de la energía almacenada se encuentra en forma de biomasa inerte.

Rueda ha propuesto la siguiente expresión para incluir los aspectos de energía y biomasa en la ciudad:

(Energía endosomática + Energía exosomática) / (biomasa + H + Eu + A)

donde biomasa es la masa biológica del sistema. H es el sumatorio de las diversidades antes descrita. Eu es la estructura urbana: estructura de edificios y vías que se han ido acumulando y transformando a lo largo de la historia y que condiciona los flujos de materiales y energía (por rutas definidas), de las personas, etc. A es un sumando representativo de los artefactos de información que condicionan el funcionamiento del sistema (ordenadores, libros, vehículos,...).

Cuanto mayor sea el denominador menor será la productividad, que es un elemento indicativo de la sucesión (y de la complejidad o nivel de maduración) del sistema urbano. Esta propuesta constituye en sí misma también una hipótesis de un alcance, por el momento, de tipo cualitativo. La dificultad existente para medir estos factores y para encontrar unidades adecuadas para estos parámetros no permite la deducción de conclusiones a partir de un análisis de tipo cuantitativo. Sin embargo, presenta una validez explicativa de interés para analizar tendencias en la dinámica urbana.

III.3 La problemática ambiental urbana

La sociedad es urbana

La Conferencia sobre Asentamientos Humanos realizada en Estambul en 1996 (Hábitat II) se dedicó a estudiar las tendencias y problemas ambientales de las ciudades entendiendo que el futuro del medio ambiente a escala local y global dependía en gran medida de una adecuada planificación y gestión de las ciudades. Las características del modelo de gestión ambiental en el medio urbano presentan consecuencias no sólo de carácter económico, social y de calidad de vida de sus habitantes sino también relacionadas con la calidad del medio ambiente inmediato y global. La generalización de los impactos que proyecta la ciudad sobre el territorio se deriva de la reproducción de las tendencias que se dan en las urbes, en concreto:
- la tendencia a la urbanización general de la población
- la tendencia a la homogeneización de hábitos de consumo y estilos de vida.

Las ciudades han llegado a ser el hábitat natural de la población mundial. No hace más de un siglo la población que vivía en las ciudades no sobrepasaba el 15 % del total mientras que actualmente ya la mitad de la población mundial es urbana. La revolución industrial, las migraciones consecuentes y las posteriores, del mundo rural al urbano, han hecho de las ciudades el medio "natural" de vida de buena parte de la humanidad. Este fenómeno de urbanización de la población sigue produciéndose a un ritmo importante del 2,5% anual de forma que, en unos 25 años, se estima que la población mundial de las ciudades se doblará. Una muestra de este hecho es el aumento vegetativo y la inmigración ha dado lugar a que, en el año 2000, aproximadamente la mitad de los más de 6.000 millones de habitantes del planeta viva en las urbes. Esta tendencia no hará más que intensificarse en el futuro.

El 90% del aumento se producirá en los países de economías de transición y en desarrollo. Se estima, además, que en un futuro inmediato, el 90% del crecimiento demográfico se concentrará en las ciudades. Hoy en los países desarrollados la población ya es eminentemente urbana. En la Europa occidental cerca del 80% de la población reside ya en las ciudades.

Región	1950	1970	1990	2015
África	3	16	59	225
América Latina	17	57	118	225
Asia	58	168	359	903
Europa	73	116	141	156
América del Norte	40	78	105	148

Tabla 8: Número de ciudades de más de un millón de habitantes por regiones (1950-2015). Fuente: Organización de las Naciones Unidas (O.N.U.) División de la Población. Prospectos sobre la Población en el Mundo. 1994 Revisión (O.N.U.), Nueva York, 1995).

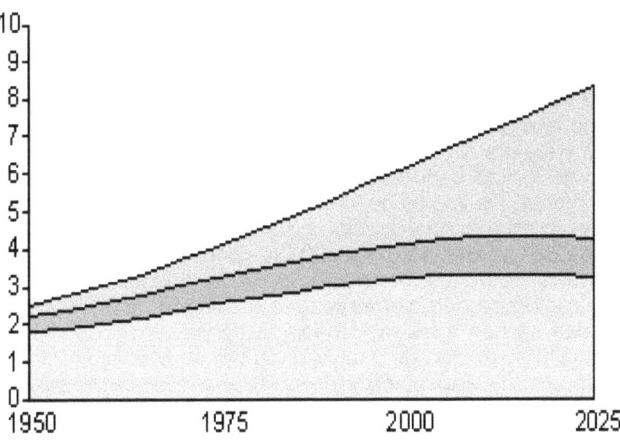

Figura 18: Crecimiento en porcentaje de la población urbana desde 1950 y estimaciones para 2025. El sector de la base del gráfico se refiere al crecimiento de las áreas rurales, la intermedia al crecimiento de la población urbana en los países desarrollados y la superior en los países en desarrollo.

Precisamente las ciudades de los países en vía de desarrollo son las que están concentrando ya actualmente este rápido crecimiento, con todas las disfunciones que suelen acompañar una urbanización acelerada. Sin mediar una planificación adaptada a los cambios aparecen problemas asociados a la calidad de vida de la población y del medio ambiente como son las deficiencias en saneamiento, las insuficiencias en el abastecimiento a la población de agua, energía y alimentos, o los déficits en los sistemas transporte así como otros problemas de carácter económico, social, educativo y cultural.

Las ventajas que presenta la ciudad para sus habitantes explican estas tendencias. La ciudad constituye el centro de la vida social y de la economía. Almacena un legado histórico, es depositaria de la herencia cultural, de la educación y de la tradición.

Las ciudades aglutinan la mayor parte de la actividad económica mundial, consumen la mayor parte de los recursos naturales y generan una gran cantidad de residuos y contaminantes que se proyectan en el entorno. Las tendencias actuales a la urbanización global y las consecuencias de la internacionalización de la economía, de la información y de la comunicación, con un fuerte impacto sobre los estilos de vida de la población, conducen a reproducir en las distintas sociedades en desarrollo los problemas ambientales que actualmente se producen en el primer mundo.

Sin embargo, la mejora de la gestión ambiental que se ha producido en la mayoría de las ciudades de los países desarrollados no tendrá una expresión mimética inmediata en las ciudades del mundo en desarrollo dadas las deficiencias de tipo económico y social que presentan. En consecuencia, cabe esperar una intensificación de la degradación ambiental a escala local y global derivada de una urbanización acelerada en los países en desarrollo.

La historia muestra que las condiciones de vida de los ciudadanos occidentales han mejorado espectacularmente si se compara con la situación de las ciudades en los inicios de la industrialización. Desde las situaciones de hacinamiento en muchas ciudades durante y antes de la Revolución Industrial, pasando por la reacción higienista de principios de siglo, hasta el funcionalismo urbanístico de las últimas décadas, las condiciones de vida en las ciudades han mejorado notablemente. Los esfuerzos de las ciudades en las últimas décadas se han focalizado hacia la consecución de una mayor justicia social, hacia la obtención de una vivienda digna, a satisfacer las necesidades de transporte, de educación y de cultura, a mejorar la salud de la población y, en la medida de lo posible, a reducir la desocupación.

Si bien esta pauta de evolución de la calidad de vida en las ciudades es cierta para los países desarrollados, en los países menos aventajados las condiciones de vida siguen siendo a menudo deficientes en aspectos como la vivienda, el transporte, el suministro y saneamiento del agua o la escolarización de la población. El incremento acelerado de la urbanización de la población en este contexto no ha tenido en paralelo las actuaciones necesarias para garantizar la calidad de vida de la población inmigrante. La consecución de niveles de calidad de vida del modelo occidental estará lejos de obtenerse durante cierto tiempo. Las ciudades de esta esfera que presentan un crecimiento lo hacen a un ritmo sin precedentes y la población acude a ellas con la esperanza de obtener un nivel satisfactorio de calidad de vida usando una cantidad de recursos que, en realidad, no existen en las cantidades demandadas.

Sin embargo, el concepto de calidad de vida del modelo occidental se encuentra actualmente en crisis. Ya se ha justificado más arriba que el desarrollo urbano produce disfunciones tanto en la esfera de la propia ciudad como en el entorno próximo y lejano. La constatación del cambio ambiental global induce a un cambio de planteamientos respecto a cómo han de ser las ciudades del siglo XXI. Un nuevo modelo de desarrollo, el desarrollo sostenible, tendrá que imponerse tanto en las ciudades del norte como en las del sur. Tanto unas como las otras deberán aprender a usar menos recursos y de una forma más eficiente para, así, poder mantener unas o alcanzar las otras, un estándar de vida aceptable para su población. Además, los presentes niveles de consumo de recursos de los países más desarrollados no pueden ser alcanzados por todos, y mucho menos por las futuras generaciones, sin destruir más el capital natural.

Niveles de análisis de la ciudad con relación al medio ambiente

La ciudad es una concreción excelente de la naturaleza de la acción antrópica sobre el medio ambiente. Los impactos de la acción del hombre sobre el medio, que frecuentemente se abordan en abstracto, tienen su concreción en el marco urbano, donde se muestran las causas, efectos y contradicciones de sus actividades. En la ciudad es posible analizar, por ejemplo, los mecanismos que rigen la producción del espacio urbano y las consecuencias para la calidad de la población residente, los efectos del transporte sobre la evolución de su estructura histórica o el uso (o abuso) de recursos hídricos y energéticos, así como las consecuencias que se derivan de tales actividades como la especulación, segregación de la población, los diversos tipos de polución o la explotación de recursos energéticos y materiales del espacio periurbano.

Además de este nivel de análisis, la ciudad permite abordar las relaciones del hombre con marcos amplios que superan la esfera territorial propia y local inmediata para señalar las relaciones con la esfera regional y global. La ciudad y los sistemas de ciudades contribuyen al deterioro del entorno más allá de su propio territorio. Sólo cabe pensar en diversos ejemplos como la contribución de las emisiones atmosféricas derivadas del tráfico urbano e interurbano al efecto invernadero, a la escala planetaria, la dispersión de todo tipo de sustancias tóxicas y su introducción en las cadenas tróficas locales o la lluvia ácida, a escala regional, derivada de las actividades industriales y de la producción de la energía eléctrica que se consume en la ciudad.

Las ciudades representan el 2% de la superficie del planeta pero consumen el 75% de los recursos disponibles. Herbert Girardet (1995) ha utilizado el término "pisada de la ciudad" para ilustrar el área del territorio afectada directamente por ella. La extensión de la pisada viene determinada por la superficie necesaria para alimentar a su población y para proporcionarle recursos así como para absorber el dióxido de carbono emitido por medio de la fijación fotosintética. Para la ciudad de Londres esta área se ha estimado que abarca unos 200.000 km², lo que representa prácticamente la totalidad de la superficie productiva del Reino Unido.

La ciudad constituye un referente espacial que aglutina tres dimensiones: el medio ambiente natural, el entorno socioeconómico y el entorno construido. El medio natural del medio urbano incluye elementos fundamentales para la vida humana (agua, aire, espacio, luz solar o recursos minerales y energéticos) que son indispensables para la ejecución de los procesos propios de la ciudad (como el transporte, la construcción, la residencia o la prestación de servicios). Esta dinámica produce en la ciudad y en sus habitantes una serie de efectos positivos y negativos: servicios, educación, salud, progreso económico, cultura, pero también polución, ruido, residuos, congestión o masificación.

Las urbes aglutinan en la actualidad los estilos de vida y de consumo de cerca de la mitad de la humanidad. Estos estilos de vida suelen ser similares en buena parte del planeta, de forma que los efectos negativos del consumismo (polución, generación de residuos y consumo de recursos naturales) se reconocen como funcionalmente idénticos en todas las ciudades. Los efectos no sólo se manifiestan en el ámbito de la propia ciudad sino que trascienden a escala regional y global puesto que contribuyen de una forma muy importante al cambio ambiental global. Sólo hay de valorar al respecto la contribución de las ciudades al cambio climático y el efecto invernadero con las emisiones de gases derivadas del consumo energético. Los recursos necesarios para el mantenimiento de la actividad se obtienen a través de la explotación de los recursos situados en lugares más o menos alejados (de su periferia próxima o lejana) lo que también produce impactos ambientales concretos. Nos referimos a recursos como energía, cultivos, pastos, bosques, infraestructuras de transporte o industrias extractivas y de transformación, que presentan impactos ambientales. Para cada ciudad o región, y en función de su estilo de vida y nivel de consumo puede establecerse una demanda de territorio por habitante.

Así pues, la ciudad, o mejor, el sistema de ciudades, constituye un tejido de explotación de la biosfera en su conjunto. En tanto que el mantenimiento de la actividad de las ciudades depende de los recursos naturales existentes, las ciudades tendrán que cambiar, si quieren mantener su propia dinámica, mediante un replanteamiento de sus funciones y del tipo de relaciones con respecto a la biosfera. Así las relaciones entre la ciudad y el medio ambiente están tomando una configuración circular dadas las interacciones y dependencias existentes.

Por lo tanto, la transcendencia de la problemática ambiental abarca tres dominios:
- El del estado del medio ambiente en la propia ciudad.
- El de los impactos directos e indirectos en el medio ambiente externo próximo a la ciudad.
- El de la contribución de los sistemas de ciudades al cambio ambiental global.

La respuesta de la gestión ambiental urbana no puede obviar su transcendencia a escala global. La solución de los problemas no debe ser sectorial y pensada ad hoc, ya que a menudo la solución de un problema origina otros de no menor transcendencia.

Se puede ilustrar lo que se viene afirmando con un problema general en muchas ciudades: la congestión debida al tráfico rodado. Si la respuesta al problema se entiende de forma sectorial, con medidas inmediatas que normalmente se traducen en la construcción de nuevos viales de mayor capacidad sin abordar otras posibilidades, se estará tomando muy probablemente una dirección que originará nuevos problemas a corto o medio plazo; puesto que la demanda de espacio urbano para el transporte crece continuamente, unas mayores facilidades significaran un mayor uso del transporte privado que, al cabo de cierto tiempo, se traducirán en una congestión comparable a la que originó la intervención con todas las consecuencias que se derivan respecto a la contaminación atmosférica, ruidos, mayor consumo de energía, más tiempo para el transporte y menos espacio urbano para otras actividades.

Así pues, la respuesta a los problemas ambientales debe contemplar muchas variables simultáneamente, a modo de gestión ambiental integrada que considere no sólo la solución de los problemas inmediatos sino que contemple que otras medidas contribuirán a la solución del problema a medio y largo plazo. Se trata de ofrecer soluciones para una ciudad sostenible en un contexto mundial sostenible. La solución de la problemática ambiental urbana pasa por una comprensión amplia e integradora. Desgraciadamente, ningún desarrollo disciplinar que han hecho aportaciones al conocimiento del fenómeno urbano (de la geografía, urbanismo, ecología, ciencias sociales,...) ofrece un marco interpretativo suficiente para abordar los problemas desde esta perspectiva integradora. Se han propuesto, sin embargo, modelos que van en esta dirección. Así, partiendo de la ecología de sistemas, se entiende la ciudad como un ecosistema que posee una estructura definida, una serie de funciones y un metabolismo. Las relaciones del ecosistema urbano con el entorno y la comprensión de su funcionamiento y evolución en el tiempo dependen asimismo de variables físicas, sociales y económicas de complicada implementación en el modelo de ciudad como ecosistema. Algunas aproximaciones, como las derivadas del Programa MAB (Hombre y Biosfera, UNESCO) tienden a integrar estas variables en el entramado físico de la ciudad.

El medio ambiente urbano y la planificación

El cambio de la situación pasa por un giro en las tendencias de inversión y de política urbana mediante un cambio conceptual y la interacción de los actores de los múltiples niveles implicados en la planificación urbana. La comprensión por parte de estos actores de las causas de la degradación ambiental y de los impactos ambientales que producen aparece como fundamental. El conocimiento de los efectos de las políticas urbanísticas y de ordenación territorial actuales y las diversas alternativas son fundamentales para una correcta aplicación de recursos financieros y tecnológicos dirigidos a otra forma de entender la ciudad en un contexto global.

Una pieza clave para el cambio de la situación depende del nivel de información completa y fidedigna sobre la problemática ambiental de las ciudades y de su proyección en el medio ambiente global por parte de los actores implicados, incluida a la población en general. La información ambiental es fundamental para conocer el impacto de las actividades humanas en el medio ambiente y permite tomar las decisiones adecuadas dirigidas a la sostenibilidad. De esta manera se pueden evitar los impactos ambientales, el agotamiento de recursos y los costes derivados de las medidas de corrección de los problemas sobre el medio ambiente.

Junto con la información ambiental, los procesos de educación ambiental se muestran también como fundamentales para el cambio de la situación puesto que la generalización de este tipo de educación permitiría la participación en los procesos de toma de decisiones. La información y formación de los profesionales y de los responsables políticos y de la administración, si bien es una condición necesaria, no es suficiente para que se produzca un cambio significativo. Al respecto se reproducen algunos principios para el diseño de sistemas de información necesarios para la planificación urbana.

Tabla 9: Principios de diseño de los sistemas de información para la gestión ambiental urbana
- Credibilidad de la información: de calidad, detallada, relevante y no sesgada
- Subsidiariedad de la información: generada de forma descentralizada y integrada a diferentes niveles, dirigida a los usuarios.
- Responsabilidad: los productores de información son los responsables de su adecuación y fiabilidad y deben informar de la forma y las condiciones en las que se ha obtenido.
- Transparencia: la información debe ser fácilmente accesible y democráticamente distribuida
- Eficiencia: evitando duplicaciones innecesarias, fácilmente interpretable y rápidamente accesible.
- Economía: la inversión a realizar debe ser la apropiada a la escala, al uso y al tipo de análisis a realizar con la información generada.

Características de los sistemas de información dirigidos a la planificación urbana:

- Información adecuada al nivel y actores implicados en el proceso
- Constitución de redes de ciudades para generar experiencias
- Políticas de diseño apropiadas
- Toma de decisiones informada
- Seguimiento y evaluación de las opciones tomadas
- Diseminación de experiencias
- Conocimiento técnico y científico sobre las relaciones de las actividades económicas y el medio ambiente
- Necesidad de datos sobre distintos aspectos del cambio ambiental urbano
- Establecimiento de sistemas de información para el seguimiento de la situación ambiental de las ciudades (mediante SIG, por ejemplo)
- Establecimiento de distintos niveles de agregación de la información útiles para los distintos niveles de toma de decisiones y fases de la planificación |

Hombre y biosfera

> - Necesidad de formación de profesionales en el manejo y significado de la información
> - Diversificación de soportes de la información (informes, sistemas informáticos, Internet, audio y vídeo, conferencias, talleres,...) para la facilitación de la toma de decisiones.
> - Información ambiental en Internet: Grupos de noticias por correo electrónico, World Wide Web (difusión de programas, proyectos, experiencias,...), Revistas electrónicas, Bases de datos de experiencias y de información ambiental, Redes de expertos, etc.
> - Diversificación y adecuación de la información en los ámbitos internacional, regional, nacional y local
> - Difusión efectiva de experiencias concretas dirigidas a la clarificación de los procesos de toma de decisiones
> - Difusión de experiencias dirigidas a la educación ambiental de los agentes implicados en la planificación urbana (población en general, organizaciones cívicas, profesionales, funcionarios, responsables de la administración, etc.).

Un modelo para el diseño de programas de gestión ambiental en la ciudad

Si bien la búsqueda de soluciones a los problemas ambientales viene condicionada por la historia propia de la ciudad y de su propio estilo de gestión urbanística, se pueden reconocer una serie de aspectos transversales comunes a las distintas realidades urbanas orientadoras de la gestión ambiental urbana. En el Segundo Simposio Internacional sobre Planificación Ambiental Urbana (en Groningen, Holanda, 1997), se destacó la importancia de diversos aspectos que se deben tener en cuenta en el diseño de la planificación ambiental urbana, en concreto:

1. La valoración de las externalidades

Se producen externalidades en el comportamiento de una parte o partes del sistema urbano como consecuencia de determinadas actividades (como por ejemplo la contaminación del aire o el ruido en una zona como consecuencia de la construcción de vías rápidas). También se puede reconocer en el marco urbano la existencia de externalidades de tipo positivo para la población residente en una zona determinada, como consecuencia de decisiones pensadas para la colectividad (como, por ejemplo, la implantación de zonas verdes de uso colectivo en una determinada zona urbana). Cabe decir que las externalidades positivas han sido frecuentemente utilizadas por los urbanistas para mitigar las externalidades de tipo negativo.

2. La aplicación del principio de responsabilidad compartida por los distintos niveles en la toma de decisiones

El diseño urbano concreto viene condicionado por programas y políticas de alto nivel. Si bien este rango puede favorecer la implantación de estándares deseables desde el punto de vista ambiental, también sucede que la falta de flexibilidad produce una limitación de la creatividad e ineficiencia en el uso de los recursos en el ámbito local. De aquí la importancia de llegar a un balance efectivo entre las autoridades local y central.

3. La priorización de las estrategias orientadas al origen de los problemas frente a los efectos

Se trata de reducir desde su origen las causas de la polución o de otros riesgos, derivadas de las actividades, más que de mitigar los efectos. De esta forma se responsabiliza al generador del problema obligándole a internalizar los costes de sus decisiones en materia ambiental para así evitar las externalidades. Un ejemplo concreto de lo que se viene diciendo tiene que ver con la construcción de vías rápidas en las ciudades: las decisiones del diseño se dirigen a la insonorización, por ejemplo, cuando el problema debería ser abordado inicialmente con una determinada ordenación del territorio que evitara sus efectos negativos.

4. Sacrificar la sofisticación en favor de la aplicabilidad

Si bien los análisis y los diseños de los programas urbanos deben estar bien informados no deben suponer un coste excesivo derivado de la obtención de datos y de su análisis. La información debe ser accesible o comprendida por todos los actores implicados y no debe quedar supeditadas a los especialistas, puesto que la sofisticación puede reducir la aplicabilidad práctica. Se debe llegar al equilibrio entre riqueza de la información y simplicidad para que esta sea útil y efectiva en aplicación de los programas.

5. Implicar más al mercado y racionalizar la reglamentación ambiental

El método de la regulación mediante normas es el más ampliamente utilizado. Se trata de establecer limitaciones para las emisiones, por ejemplo, estableciendo tasas, sanciones y reglamentos dirigidos a la reducir los impactos ambientales. En contra, los métodos basados en el mercado, que proporcionan incentivos económicos (subvenciones, reducción de tasas, reconocimiento público por parte de los consumidores,...), se dirigen a conseguir unos comportamientos deseados (reducción o eliminación de las emisiones contaminantes por ejemplo).

6. Utilizar métodos de percepción además de los métodos técnicos

La mayor parte de los estudios de tipo técnico están basados exclusivamente en el conocimiento científico de los impactos ambientales en una zona urbana y de sus efectos sobre la salud y el bienestar de los residentes. Esta dimensión objetiva es fundamental pero no excluye la necesidad de conocer cómo es percibido y sentido el problema ambiental por parte de la población. Estos métodos, de carácter psicológico y/o social, son especialmente importantes en el estudio de aspectos de la realidad urbana que producen molestias o reducen la calidad de vida sin comprometer de forma evidente la salud de la población.

7. Incardinar la aproximación estratégica con la aproximación operativa

Uno de los problemas de la planificación urbana estriba en cómo concretar objetivos de carácter general de los programas ambientales para implantarlos. La planificación estratégica es un método prometedor que describe un proceso de relaciona los objetivos generales, la planificación táctica y actividades de gestión de tipo operativo.

8. Posibilitar la integración de las funciones urbanas frente a su segregación

La reducción de las distancias entre distintos tipos de actividades es fundamental para evitar los efectos de las externalidades negativas y el derroche de recursos energéticos en el transporte y en el uso de tiempo de los residentes en el desplazamiento al trabajo, en la realización de compras y otros servicios (de salud, educación,...); lo que debe incentivarse es el desplazamiento peatonal por la ciudad facilitando la creación de escenarios urbanos atractivos. La idea de ciudad compacta ha de incidir en la planificación urbana determinando la integración y mixticidad de funciones en la ciudad ya que los beneficios ambientales (reducción de emisiones por los vehículos privados, ahorro energético, menor fabricación de vehículos) y en el bienestar de la población son evidentes.

9. Priorizar la participación contra la prescripción impuesta

La mayor parte de las declaraciones internacionales (Carta de Aalborg, Libro Verde sobre le Medio Ambiente Urbano, etc.) insisten en la importancia de los procesos democráticos descentralizados en el ámbito local y de la participación de los actores implicados (residentes, gestores, políticos, organizaciones cívicas, etc.) en la definición y resolución de los problemas ambientales de la ciudad. La concreción del proceso participativo es a menudo difícil y precisa de una planificación adecuada. Algunas de las medidas que se recomiendan para animar el proceso participativo se reproducen en el cuadro:

Elementos de diseño para un proceso participativo (Shabbir Chema, 1987)
- Usar métodos activos y prácticos: implicar asignando tareas o responsabilidades a los participantes
- Empezar por una actividad que sea de interés para todos los participantes.
- Trabajar en grupos pequeños: así se supera la inhibición y se facilita la obtención del consenso
- Proporcionar información y datos comprensibles: evitar elaboraciones estadísticas complejas e información académica que sean difícilmente interpretables por los participantes usando modelos gráficos, datos numéricos simples, etc.
- Facilitar el acceso a más información
- Concienciar el grupo con relación a sus posibilidades de acción
- Incorporar el seguimiento y la evaluación en el proceso de participación
- Seleccionar y formar los dinamizadores de los grupos
- Establecer el proceso participativo de forma regular y continua para identificar las necesidades de la comunidad

- Utilizar las organizaciones existentes para identificar las necesidades de la comunidad
- Formar a los encargados de los contactos en aspectos de comunicación y técnicas de participación
- Formar a los líderes de la comunidad sobre las características de la planificación
- Modificar los procedimientos para asegurar la recogida de las propuestas surgidas del proceso de participación
- Diversificar la tipología de organizaciones participantes en el proceso
- Descentralizar la autoridad financiera y administrativa incrementando la autoridad del comité de participación en relación con el destino con los recursos disponibles en el proyecto
- Formar a los líderes de la comunidad en relación con los procedimientos administrativos y de gestión así como en la forma de obtención de recursos adicionales de interés comunitario
- Dar a conocer los procedimientos administrativos de control y supervisión del proyecto por parte de la comunidad
- Dar la responsabilidad al comité de la comunidad respecto al seguimiento y evaluación del proyecto
- Formar a los líderes de la comunidad en los métodos de seguimiento y evaluación

10. Planeamiento sostenible en la esfera local

El estudio de la ciudad como ecosistema da lugar a información sobre su estructura y su metabolismo, permite, además, deducir los problemas ambientales que genera tanto a nivel externo (en su periferia y el entorno global) como en su interior. La aplicación del concepto de desarrollo sostenible en el ámbito de la ciudad da lugar a criterios generales para la planificación que estén de acuerdo con estos principios. El traslado de estos criterios a la planificación urbana a pequeña escala ha de considerar los mismos principios.

---

[1] Ver al respecto Tellegen, E. et al. (1998): *Society and its Environment. An introduction.* Gordon and Breach Science Publishers, Amsterdam.
[2] Barracó, H., Parés, M., Prat, A., Terradas, J. (1999): *Barcelona 1985-1999. Ecologia d'una ciutat.* Ed. Ajuntament de Barcelona; Pares, M, Pou, G i Terradas, J. (1985): *Descobrir el Medi Urbà. Ecologia d'una ciutat: Barcelona.* Ajuntament de Barcelona.
[3] Los trabajos del programa MAB (Hombre y Biosfera) de la UNESCO de la ciudades de Hong-Kong y Roma utilizan parámetros económicos, psicológicos, urbanísticos y sociales para caracterizar la calidad de vida en un enfoque metodológico integral. Ver, al respecto, Boyden, S. (1979): "Un enfoque ecológico integral para el estudio de los asentamientos humanos", *Notas técnicas del MAB 12 Unesco.* París.
[4] Rueda, S. (1995): *Ecologia Urbana: Barcelona i la seva regió metropolitana com a referents.* Beta Editorial, Barcelona.

IV   Arquitectura y urbanismo sostenibles

IV.1 La cultura de la sostenibilidad

Este concepto cabe entenderlo inicialmente como un tipo de desarrollo que considera las necesidades del presente sin comprometer la disponibilidad de recursos para las generaciones futuras. La Comisión Bruntland (ONU,1987), en su informe *Nuestro futuro común*, lo describió en un marco de valoración de las relaciones del hombre con la naturaleza y del hombre con el hombre, en concreto:
- entre las necesidades humanas y la capacidad de la naturaleza,
- entre las necesidades de los pobres y de los ricos (problema de la equidad intrageneracional),
- entre las necesidades del presente y las necesidades de las futuras generaciones (problema de la equidad intergeneracional).

Se trata, pues, de un concepto que pretende potenciar una regulación de las relaciones del hombre con el hombre y del hombre con el medio ambiente. Es posible describir, sin embargo, otras acepciones de este término. Las diferentes ciencias, la política y los grupos de interés han asumido el concepto con interpretaciones un tanto diferenciadas en función del campo concreto donde se esté aplicando. Este hecho viene produciendo una cierta confusión conceptual.

Buena parte de las definiciones son asociables con el deseo de persistencia de determinadas características del sistema sociopolítico y del ambiente natural. Se han formulado diversas críticas sobre la validez operativa del concepto de desarrollo sostenible expuesto en el informe *Nuestro futuro común* ya que, éste, por ejemplo, se plantean soluciones tecnocráticas sin cuestionar la viabilidad del modelo económico actual.[1] Se ha dicho también que el concepto tiende un puente entre las posiciones desarrollistas actuales de la economía y los movimientos sociales asociados a la defensa del medio ambiente para sentarlos en una misma mesa.

Por otro lado, la formulación de un desarrollo equitativo y equilibrado entre el norte y el sur parece ignorar la limitación de los recursos en un mundo de más de seis mil millones de habitantes. De hecho, el modelo de desarrollo del norte no se cuestiona en profundidad. Las instituciones políticas y económicas del norte dicen que consideran este concepto en la definición de sus políticas y presentan unos resultados demasiado limitados en tanto la aplicación de las políticas, pero no subvierte significativamente los patrones actuales de producción y consumo y, por tanto, no se reducen sustancialmente los impactos medioambientales que se derivan de este modelo de comportamiento. Si éste es el modelo de desarrollo sostenible que debe aplicarse en el sur, el desarrollo sostenible a la escala global aparece entonces como una falacia. Esto es evidente si se exploran datos sobre la producción de residuos en distintas partes del mundo. En una ciudad como Quito la producción anual de residuos sólidos por habitante es del orden de 280 kg al año. En la ciudad de Washington D.C. la cantidad se eleva a unos 1.250 kg.

En el informe de la Segunda Estrategia Mundial para la conservación (*Caring for the Earth, A Strategy for Sustainable Living*) promovido por UICN/PNUMA/WWF (1991), se definió el concepto como "un proceso de mejora de la calidad de la vida humana sin comprometer la capacidad de carga de los ecosistemas, que son su soporte vital". En la misma estrategia se plantean también los principios de la sociedad sostenible, en concreto, este tipo de sociedad debe:
- respetar y cuidar la comunidad de vida,
- mejorar la calidad de vida de los seres humanos,
- conservar la vitalidad y la diversidad de la Tierra (conservar los sistemas ecológicos y la diversidad biológica y asegurar el uso sostenible de los recursos renovables),
- minimizar el agotamiento de los recursos no renovables,
- mantenerse dentro de la capacidad de carga de la Tierra,
- cambiar las actitudes y el comportamiento individual,
- hacer que las comunidades puedan cuidar su medio ambiente,
- proporcionar un marco nacional que integre el desarrollo y la conservación,
- crear una alianza global.

El concepto de desarrollo sostenible tomó naturaleza política en 1992, con la redacción de la *Agenda 21* de la Cumbre de la Tierra de Río de Janeiro. En la *Agenda 21* se hacen sugerencias concretas para la acción, a los niveles global, regional y local, destacando la necesidad de adaptación del concepto a los distintos contextos. Así, por ejemplo, en la esfera local se están llevando a cabo las llamadas *Agendas 21 locales*, que representan una aplicación del concepto a este nivel. Se trata de programas con propuestas de cambio en las actuaciones administrativas, económicas y personales, a escala local dirigidas a la sostenibilidad. Por su lado, en el contexto regional la aplicación del concepto exige la adaptación a cada región, dada la heterogeneidad de situaciones de desequilibrio regional existentes que, a la vez, son respetuosas con las opciones locales.

La teoría de sistemas aplicada al análisis del desarrollo sostenible permite aislar, desde sus términos básicos y suposiciones, los conceptos clave del concepto. Tal como ocurre en los sistemas ecológicos en los que los procesos (la sucesión del ecosistema, por ejemplo) son el resultado de la integración de procesos básicos, el concepto de desarrollo sostenible se puede interpretar como un proceso cultural que incluye un ilimitado número de microprocesos que presentan una evolución funcional conjunta.

Una primera idea importante es aislar el concepto de desarrollo como un proceso de cambio cualitativo progresivo que incluye un incremento de la complejidad, la diferenciación y la organización. El uso tradicional del término desarrollo en los contextos económico, biológico, político y social dificulta el acuerdo sobre su significado. El desarrollo se relaciona, sobretodo en la esfera política, como un fin en sí mismo más que con el concepto evolutivo de transición continua de una fase a otra.

Por su parte, el concepto de sostenibilidad describe una característica de las relaciones, los estados o los procesos que pueden ser mantenidos por un periodo largo de tiempo, si no indefinidamente (Jüdes, 1997). En el contexto que nos ocupa, el concepto de sostenibilidad debe interpretarse como un criterio de evaluación de las relaciones existentes entre la naturaleza y el comportamiento humano. Como criterio de evaluación el concepto ha de usar unas hipótesis iniciales o un marco teórico respecto a las condiciones de sostenibilidad. Este marco teórico previo se basa en los siguientes principios:
- La integridad y la capacidad evolutiva de los ecosistemas son características básicas de su propia naturaleza.
- La diversidad y característica de los sistemas naturales son requisitos esenciales para la calidad de vida humana.
- El uso de la naturaleza para la pervivencia y el bienestar humanos, para propósitos culturales y económicos, produce cambios y daños en los ecosistemas.
- La naturaleza de los ecosistemas puede sólo preservarse si el hombre acepta una serie de limitaciones respecto a los espacios naturales, los recursos y la capacidad de regeneración de los ecosistemas.
- La destrucción de la diversidad estructural y de las funciones de los ecosistemas por el hombre no solo reduce la capacidad ecológica sino también producen incertidumbre con relación a la viabilidad futura de la humanidad.

El concepto comprende diferentes dimensiones socioculturales, económicas, políticas y científicas y además comprende distintos valores o ca-racterísticas humanas como son la solidaridad, la creatividad, la adaptación reflexiva, la esperanza y la responsabilidad. Esta doble dimensión debe tri-angularse con los distintos niveles de concreción de desarrollo sostenible, los niveles individual, grupal e institucional. Se trata, pues, entonces de un sistema conceptual que considera múltiples aspectos del comportamiento humano que pueden englobarse en lo que se viene denominando como cultura de la sostenibilidad.

IV.2 Sostenibilidad en urbanismo y arquitectura

El urbanismo es uno de los campos donde la aplicación de criterios de sostenibilidad es más urgente y tiene mayores repercusiones. La aplicación de estos principios significa una revolución copernicana para los arquitectos y urbanistas ya que representa la consideración de criterios esencialmente distintos de los usados tradicionalmente en la planificación. La incorporación inmediata de los criterios de desarrollo sostenible en este campo parece inicialmente complicada, ya que históricamente el urbanismo ha mostrado una inercia respecto al cambio en sus metodologías y aproximaciones (M. Ruano, 2000[2]). Este autor añade que se necesitaron casi 400 años para poner en crisis, por medio del movimiento moderno, los principios clásicos de proyectación del renacimiento.

En el momento de aceleración histórica que vivimos (introducción de las nuevas tecnologías de la información, criterios de sostenibilidad,...) no es aconsejable la dilación. Para que se produzca el cambio conceptual de estos profesionales, son necesarios urgentemente modelos de referencia que reduzcan la incertidumbre. Estos modelos han de considerar no sólo criterios de sostenibilidad sino también las aportaciones de las diferentes disciplinas del conocimiento (ecología, antropología, sociología, psicología, economía,...) y las innovaciones emergentes de las tecnologías de la comunicación, sin dejar de lado aspectos, a menudo desconsiderados por la planificación tradicional, como la participación efectiva de la población en la planificación y en la gestión urbana, y la importancia de la tradición cultural e histórica del lugar.

Algunas prácticas actuales del urbanismo, que se aproximan al nuevo paradigma consideran en parte los aspectos ecológicos con una función mitigadora de las externalidades negativas de la planificación insostenible pasada y actual. Así, por ejemplo, se aumenta la superficie del verde urbano, la superficie relacional, de comercio y de ocio, la infraestructura para las nuevas tecnologías de la información y comunicación, o la provisión de elementos para el reciclaje de los residuos. En esta concepción, en realidad, se añaden nuevas capas a las múltiples capas de elementos independientes que han dominado el urbanismo de este siglo. Esa forma de planificar no es esencialmente distinta a la que se practica en el urbanismo de tipo funcionalista, ya que no considera los criterios generales que han de regir un urbanismo basado en criterios de sostenibilidad o las implicaciones de los nuevos modos de vida que derivan de la implantación de las nuevas tecnologías.

En la perspectiva de este nuevo urbanismo, la ciudad o el barrio han de entenderse como sistemas complejos adaptativos de tipo relacional, donde cada elemento está en relación con una gran cantidad de otros elementos del mismo nivel jerárquico del sistema, así como con elementos de sistemas más amplios. Un elemento del sistema presenta múltiples relaciones que se han de analizar conjuntamente para encontrar la mejor solución urbanística a un problema concreto. Un aspecto tan importante para la calidad de vida en la ciudad como es la intensidad del tráfico de un vial presenta múltiples condicionantes e implicaciones: contaminación atmosférica potencial del área, consumo de energía, políticas del transporte, estilos de vida, ubicación del lugar de trabajo, o relación con los elementos arquitectónicos de la construcción que tienen que ver con la insonorización de las viviendas. Fuera de este análisis holístico se solucionan unos problemas pero se generan otros y nuevos.

Es obvio pensar que un proyecto de tal envergadura precisa de un diseño multidisciplinar que permita llegar a una concepción integral del territorio por lo que el nuevo urbanismo deberá dar paso a un análisis del espacio en todas sus dimensiones para poder llegar a una síntesis globalizadora de las relaciones existentes que permita una planificación eficaz. Por otro lado, deberán crearse los sistemas de canalización de los intereses de los diferentes grupos haciendo posible la participación, negociación y el contraste de los intereses en juego en el espacio urbano. La práctica urbanística está aún lejos de estos planteamientos, a pesar de que la bandera de la sostenibilidad está siendo agitada por los planificadores y la política.

Baglow[3] se pregunta por qué el concepto de desarrollo sostenible ha llegado a ser tan popular entre los planificadores y políticos en tan poco tiempo. Es evidente que la crisis ecológica hoy reconocida ha tenido su respuesta con la alternativa conceptual del desarrollo sostenible que permite aliviar sus tensiones. De acuerdo con Warner (1998) y McManus (1996)[4], el concepto de desarrollo sostenible ha tenido tanto éxito entre los políticos y planificadores porque les permite un cierto compromiso para concretar actuaciones no demasiado radicales. Por otro lado, de acuerdo con Cowell y Owens (1997), se produce una cierta confusión semántica ya que parece ser que el desarrollo económico y la sostenibilidad ambiental pueden entenderse como conceptos compatibles si no sinérgicos. En este sentido, el político puede manejar a su antojo los aspectos ecológicos, sociales y económicos para propósitos que pueden ser diametralmente opuestos al sentido estricto de lo que se entiende por desarrollo sostenible.

Por su lado, los planificadores han acogido el concepto de desarrollo sostenible con entusiasmo. Cowell y Owens (1997) argumentan que además de que el concepto de sostenibilidad encaja muy bien con modelos de planificación idealizados, ofrece oportunidades para la compensación de lo negativo, práctica usual en la planificación funcionalista, y permite una dedicación continuada en la gestión urbana que fortalece a sus profesionales.

Una última razón del éxito del término, no sólo entre los políticos y planificadores sino también entre la población en general, es de tipo psicológico. La crisis ecológica y sus consecuencias (reducción de la biodiversidad, cambio climático,...) produce ansiedad entre la población ansiedad que puede ser mitigada con la sensación de que existe un plan alternativo, el desarrollo sostenible, que permitirá atenuar, si no solucionar definitivamente esta crisis.

Otra razón que explicaría esta gran aceptación sería la ambigüedad del término desarrollo sostenible, lo que conduce a interpretaciones diversas que pueden asociarse fácilmente tanto a la derecha como a la izquierda en política. Blowers (1997) ha descrito dos modelos extremos, entre los cuales pueden encontrarse múltiples posiciones intermedias. Desde la derecha, ha surgido la optimista Teoría de la modernización ecológica (descrita por Mol, 1995), según la cual la salida a la crisis ecológica será posible a través de:
- La adaptación de los procesos de producción y consumo a criterios ecológicos y a las necesidades ambientales.
- La creencia en las posibilidades de la ciencia y de la tecnología para

mejorar los procesos productivos desde el punto de vista ambiental a través de una mayor eficiencia.
- La promoción del mercado como el medio más efectivo para asegurar las respuestas y la flexibilidad, necesarias para mejorar el medio ambiente.
- La percepción de que los movimientos ambientales pueden ser incorporados en los procesos de toma de decisiones.
- La creencia de que las compañías multinacionales, como promotoras de la economía global, actuarán como agentes del cambio.
- La disminución de la oposición al movimiento de la modernización ecológica como impracticable, por falta de apoyos y, consecuentemente, de significación marginal.

Por ello, la Teoría de la modernización ecológica entiende que el medio ambiente y la economía no se encuentran en conflicto ya que la protección ambiental sólo puede ser asegurada a través del desarrollo económico. En este marco, la función del estado es la de facilitar las condiciones para que opere el mercado y la de proporcionar las regulaciones y estándares para la protección del medio ambiente. Esta perspectiva, naturalmente, ha estado bien aceptada en el entorno de la economía liberal y entre los partidarios de sistemas de valores conservadores que prevalecen en el mundo occidental actual.

En el otro extremo, Blows (1997) describe una concepción de desarrollo sostenible diametralmente opuesta y que fue formulada por Beck (1995): la Tesis de la sociedad en riesgo. Esta tesis, mantiene que existe un conflicto irreconciliable entre las demandas de la economía y las necesidades ecológicas, vaticina el control autoritario y predice la catástrofe si no cambian las tendencias actuales. Por ello, la transformación social será necesaria si se quiere asegurar la supervivencia. La Tesis de la sociedad en riesgo ha estado calificada de utópica e idealista ya que ofrece pocas soluciones.

Los planificadores pueden encontrarse en cualquiera de las posiciones intermedias entre estos dos extremos en función de sus propios valores, de forma que el concepto operativo de desarrollo sostenible será el que uno prefiera. Los del extremo de la Teoría de la modernización ecológica conciben que un mayor desarrollo producirá al final un medio ambiente adecuado y una sociedad más rica. El único problema para la planificación es cómo regular adecuadamente la protección del medio ambiente en los aspectos en que la economía no está limitada.

Los planificadores "verde oscuro", por su lado, entienden que el desarrollo, tal como se entiende actualmente, produce impacto ambiental *per se* y la mayor parte de los esfuerzos no han de dedicarse a planificarlo todo sino a promover los valores sociales de sostenibilidad.

Entre estos dos extremos se encuentran la mayor parte de los planificadores, que no pueden quedar al margen de la tensión existente entre el desarrollo y la conservación del medio ambiente. En definitiva, los responsables políticos serán los que determinarán el equilibrio entre la protección y el desarrollo, y será necesario el establecimiento de parámetros que limiten el significado concreto en cada nivel de la planificación.

Es necesario, pues, replantearse los modelos de organización y desarrollo de las ciudades contemporáneas si se quiere incidir en este estado de la situación. Es preciso reinventar la ciudad para hacerla más habitable, para que la población vuelva a sentirse parte de ella, porque es agradablemente habitable. Además, la ciudad debe ser sostenible, de forma que su gestión no sólo debe dirigirse a mejorar la calidad de vida de sus habitantes, sino que debe contribuir en la medida de sus posibilidades, a potenciar el nuevo paradigma del desarrollo sostenible.

En buena parte, los problemas sociales y ambientales actuales son el resultado de un tratamiento sectorial del urbanismo dominante durante la posguerra, de raíz funcionalista y tecnocrática, y a menudo doblegado a los intereses del mercado inmobiliario. De esta forma, la ordenación urbana obedecía a una especialización del suelo según usos determinados (de residencia de diferentes categorías sociales, industriales, de servicios centralizados,...).

Esta forma de entender el urbanismo ha dificultado la proyección social del espacio urbano, además de ser socialmente injusta. Es generadora de problemas sociales y ambientales como la desvinculación al medio, largos desplazamientos entre el lugar de trabajo y el de residencia, tráfico intenso, ruidos, contaminación del aire o falta de estacionamiento, por citar algunos. De igual modo, la segregación de las instalaciones industriales en las ciudades, si bien tenía una intención higienista al impedir que la población sufriera los inconvenientes ambientales de estas instalaciones, ha resultado ser, con el tiempo, una vez producida la expansión urbana en superficie, una problemática añadida.

En el futuro, la ordenación urbana y territorial tendrá de considerar todos estos problemas e integrar, además, las políticas sectoriales que las administraciones locales, estatales y regionales tienen establecidas para la reducción de la contaminación de la atmósfera y de las aguas, la producción de residuos o el problema del ruido, entre otros aspectos.

IV.3 Elementos para un urbanismo sostenible

Tres hitos básicos permiten perfilar las tendencias de la arquitectura y del urbanismo con relación a la gestión del medio ambiente urbano. La primera iniciativa fue la publicación, en 1990, del Libro Verde sobre el Medio Ambiente Urbano. En segundo término la celebración de la Cumbre de la Tierra en Rio de Janeiro, con *Agenda 21* que ha inspirado la redacción de una *Agenda 21 local* por parte del Consejo Internacional de Iniciativa Local Ambiental (ICLEI). En tercer término, y por iniciativa de las Naciones Unidas, la celebración de las conferencias Hábitat (1990) y Hábitat II (1996). Otras realizaciones importantes en este campo son la de las Ciudades Saludables (Healthy Cities Project) establecida por la OMS, el Proyecto de Ciudad Ecológica promovido por la OCDE o el Programa de Gestión Ambiental Urbana corresponsabilizado por la UNDP, ONU y el Banco Mundial.

1.	La vida humana sostenible en la Tierra no puede lograrse sin unas comunidades locales sostenibles. Las ciudades tienen un papel decisivo en el proceso de cambio de los estilos de vida, de la producción y del consumo y de los modelos de organización espacial.
2.	La idea de desarrollo sostenible nos puede ayudar a basar nuestro estándar de vida en correspondencia con la capacidad de la naturaleza.
3.	Se debe conseguir una justicia social, una economía sostenible y un medio ambiente sostenible. La justicia social tiene que estar basada en la economía sostenible y ambas requieren un medio ambiente sostenible.
4.	Un medio sostenible significa mantener el capital natural.
5.	Ello precisa que la cantidad de materiales renovables que consumimos, y los recursos agua y energía, excederan la cantidad que los sistemas naturales son capaces de producir.
6.	La cantidad de recursos no renovables que consumimos no debe exceder la cantidad de recursos renovables que los reemplazan.
7.	Desarrollo sostenible también significa que la cantidad de contaminantes emitidos no exceda la capacidad de absorción y procesado del aire, del agua y del suelo.

8.	La sostenibilidad ambiental supone el mantenimiento permanente de:
	- la diversidad biológica
	- la salud humana
	- el mantenimiento de los estándares de la calidad del aire, el agua y el suelo para:
	    a) sostener la vida humana y su bienestar
	    b) como la de los animales y vegetales.

Tabla 11: Ideas clave del concepto de medio ambiente sostenible según la Carta de las Ciudades Europeas hacia la Sostenibilidad (Carta de Aalborg, 1994)

En los debates nacionales de los países de la Unión Europea realizados en Madrid en abril de 1991, en motivo de la publicación por parte de la Comisión Europea del Libro Verde sobre el Medio Ambiente Urbano, se analizaron los principales problemas de las ciudades, por lo que la referencia a estos trabajos constituyen una buena forma de aproximación a los problemas urbanos actuales, al menos desde la perspectiva europea.

El Libro Verde sobre el Medio Ambiente Urbano

Esta publicación constituye es sí misma un punto de referencia y de orientación para las ciudades[5]. Se propone en este libro una idea de ciudad que respeta las particularidades y diferencias. Su objetivo es garantizar una calidad física y una calidad social. Asimismo, pretende proteger la identidad y herencia cultural, social e histórica que presenta la ciudad europea preservando el paisaje urbano, la forma urbana y la diversidad de los ambientes urbanos, de las acciones uniformadoras de un urbanismo aniquilador, de edificios unifuncionales de estilo internacional y carentes de personalidad.

La cohesión social, el intercambio de experiencias e ideas se ha ido restringiendo a unos centros o zonas privilegiadas olvidando las periféricas, densamente pobladas y que a menudo presentan déficits de calidad. A parte del impacto de la revolución industrial del pasado, el funcionalismo imperante en el urbanismo de este siglo, basado en los postulados de Le Corbusier y la Carta de Atenas del CIAM, han desembocado en una ciudad centralizada, segregada y ausente de identidad en la periferia. La periferia es a menudo el lugar de la exclusión, de la lejanía de los centros de poder, de los lugares de consumo cultural y de la multiplicidad social.

Se puede hablar de "una ciudad de dos velocidades» con un centro divorciado de la periferia, de los barrios y de su gente. Como reacción se ha instaurado en muchas ciudades un proceso de descentralización y dignificación de la periferia, no siempre bien conseguido, que incide en la creación de lugares con identidad propia, con una historia y una imagen que permite a los ciudadanos reconocerse en ellas. Muchas experiencias se basan en la recuperación de instalaciones y de zonas que han caído en desuso (zonas industriales, militares, muelles,...) que, convenientemente dotadas de infraestructuras, servicios y espacios públicos, favorece la habitabilidad y la apropiación del lugar por sus habitantes, reducen de este modo la movilidad y, en consecuencia, la congestión y la contaminación.

El entonces Comisario Europeo de Medio Ambiente, Seguridad Nuclear y Protección Civil, Carlo Ripa di Meana, resumió las estrategias que se deben seguir y los principales problemas de la ciudad europea actual en los siguientes términos:

- Es prioritario restablecer las condiciones de habitabilidad ambiental de las ciudades. El factor ambiente ha de ser introducido en los procesos de planificación.
- Los problemas de las ciudades requieren un esfuerzo por parte de la administración, técnicos, expertos y, sobretodo, de los ciudadanos.
- Es necesario un gran esfuerzo de investigación y de intercambio de experiencias que contemple aspectos como la recuperación de los centros históricos, la reutilización de zonas industriales abandonadas, la revitalización de las periferias urbanas, y las formas alternativas de transporte.
- Respecto al principio de subsidiariedad por el cual lo que puede resolver-

se localmente no deben gestionarlo administraciones de ámbito general.

Sin embargo, la necesaria orientación y recomendación de principios generales puede ser conveniente para garantizar la puesta en práctica de unas directrices comunes de calidad.

Los principios del Libro Verde fueron resumidos posteriormente en una serie de acciones prioritarias, entre las que cabe destacar:
- Favorecer el uso mixto de las zonas urbanas basado en la coexistencia de habitantes y actividades múltiples.
- Proteger y valorar la identidad de las ciudades restableciendo las relaciones de significado entre los lugares y su historia.
- Encauzar el crecimiento y desarrollo de las ciudades preferentemente hacia la utilización de las zonas abandonadas de su interior y no hacia la ocupación de nuevas superficies de la periferia.
- Reducir la repercusión del transporte privado en las ciudades.
- Garantizar la calidad de los espacios públicos y de las zonas verdes.
- Introducir criterios de ahorro energético y de uso inteligente de los recursos en la gestión de las zonas urbanas.
- Garantizar la participación de los habitantes en las decisiones que afecten a la organización de la ciudad y a la gestión de los problemas ambientales.

A partir de los debates de los países miembros de la UE, preparatorios de la reunión de Madrid, se pueden seleccionar también algunos principios formulados que, para los propósitos de este apartado, en la línea de conocer el estado de la cuestión, pueden informarnos sobre los planteamientos técnicos de futuro respecto a la actual problemática ambiental urbana en Europa. La intervención española presentó una serie de conclusiones, a partir de un seminario realizado con anterioridad, de entre las que hay que destacar las siguientes:

1. En relación con el enfoque de la acción comunitaria sobre el medio urbano se destacó que:
- La práctica actual de aplicación sectorial diferenciada para la solución de los problemas urbanos ha resultado ser inapropiada (políticas sectoriales industriales, urbanísticas, de gestión ambiental, de transporte,...).
- La diferenciación de las realidades socioeconómicas, históricas y culturales de las ciudades de diferentes ámbitos geográficos exige un tratamiento diferencial del proceso de urbanización y aplicación de políticas; sin embargo, la existencia de una dimensión común europea permite establecer ciertos principios de integración en las políticas ambientales urbanas.
- Las ciudades europeas tienen en común un pasado histórico derivado de la revolución industrial y de la aplicación de un urbanismo funcionalista que ha segregado los usos del suelo, desintegrado la ciudad como hábitat y discriminado los espacios urbanos como escenarios de convivencia social.
- Este urbanismo funcionalista asociado el sistema inmobiliario capitalista

ha obviado el papel social de la propiedad lo que dificulta la proyección social del espacio urbano.
- Es necesario establecer un pacto ecológico en las ciudades para hacer de éstas un espacio de convivencia, de educación política, de encuentro humano y de integración social.
- La política ambiental de las ciudades en el futuro no sólo ha de mitigar los problemas ambientales sino indagar en los orígenes y las causas que los producen.

2. La necesidad de un sistema de información sobre el medio urbano que incida en la disponibilidad yde datos sobre la ecología urbana que conduzcan a indicadores útiles para la gestión; la necesidad de análisis de sistemas urbanos, de cartografía ambiental, de estudios de percepción de la población y de sociología urbana; el establecimiento de índices de calidad ambiental y utilidad de la información como vía para la participación ciudadana que facilite su identificación con los problemas urbanos.

3. Es necesario establecer criterios ambientales en los planes de ordenación y en los planes sectoriales y de diseño urbano, así como de clarificar la redacción de las ordenanzas municipales sobre medio ambiente, a menudo harto imprecisas. Asimismo, es necesario establecer la planificación de la movilidad horizontal (transporte urbano, aparcamiento, vías subterráneas, etc.), de las redes de comunicación y del transporte de materia y energía. Los planes de ordenación han de considerar los criterios de reurbanización o revitalización de zonas degradadas teniendo en cuenta la estructura física, el tejido social y los efectos de la degradación urbana sobre el medio ambiente. Asimismo, los planes de ordenación deben considerar la necesaria diversidad en la nueva edificación para favorecer la creación de entornos identificables y significantes para la población, su adaptación a las condiciones climáticas para evitar el despilfarro y la atención a las condiciones higiénicas y de seguridad en el interior de las viviendas.

4. Es necesaria una actitud colectiva solidaria con las políticas de medio ambiente urbano, fruto de la información y sensibilización de la población, para conseguir la mejora de la calidad de vida. Se debe incidir en el cambio de hábitos negativos o insolidarios con relación al medio urbano, y recuperar valores de convivencia tradicionales. Asimismo, los planes de ordenación han de evitar la segregación de los sectores sociales más desfavorecidos, promover experiencias de inserción de jóvenes en áreas con una población envejecida, la inserción de individuos con capacidad de dinamización en áreas poco diversificadas socioprofesional y económicamente, y la promoción de proyectos culturales y educativos que aumenten la diversidad y el entramado de la sociedad civil. Es igualmente importante la participación de las organizaciones no gubernamentales y de otras organizaciones sociales que, con un

acceso a la información, puedan contribuir a la realización de estudios de su interés para la mejora de la calidad ambiental de las ciudades.

5. La necesidad de integrar la industria y los servicios en el tejido urbano. Este objetivo no ha de ser contradictorio con la calidad de vida y que deben demostrar su inocuidad en estudios de impacto ambiental. Las instalaciones industriales y comerciales existentes en la actualidad deben mantenerse, una vez adecuada a las exigencias ambientales actuales. Asimismo, la actividad turística en las ciudades no debe ser objeto de especialización en áreas urbanas específicas a fin de favorecer la diversidad sociocultural y económica.

6. Se debe incluir como prioritario el estudio de la estructura física y de las disfunciones del sistema urbano sin olvidar la trama social y económica para conseguir una visión integral e integradora, y así superar la visión sectorial dominante en estos momentos. Este estudio debe incluir la visión global del ciclo hidrológico, la gestión adecuada de los residuos industriales y el uso de tecnologías adecuadas tendentes a su minimización, la promoción de la recogida selectiva de productos reciclables, la creación de bolsas de subproductos y las mejores soluciones en el tratamiento y eliminación de residuos no recuperables. Asimismo el conocimiento de la estructura física de la ciudad ha de considerar el verde urbano, los cursos fluviales y los litorales, así como las zonas periféricas susceptibles de recuperación, como vía de mejora del equilibrio térmico de la ciudad.

7. El balance energético de las ciudades ha de ser resultado de una planificación que considere en mayor grado el criterio ambiental para la reducción de la contaminación atmosférica por ejemplo sustituyendo o reduciendo las emisiones de ciertos combustibles o transformando los sistemas de generación energética. Las políticas de ahorro energético en la ordenación urbana, como las condiciones térmicas de los edificios, las orientaciones en las nuevas construcciones y la incorporación de energías alternativas, son algunas de las acciones prioritarias en el marco urbano.

8. Es fundamental el estudio de la movilidad y el transporte para la integración de los sistemas, de forma que se produzca la elección del transporte público por parte de los usuarios del automóvil, en tanto que el tráfico constituye el origen de muchas de las disfunciones del sistema urbano (congestión, contaminación, ruido, seguridad vial, aparcamiento, ocupación de espacios urbanos, horas perdidas, etc.).

9. Es necesaria la asignación de recursos financieros y la priorización de los aspectos urbanos a las líneas de investigación y desarrollo de programas comunitarios que permitan llevar a cabo los objetivos propuestos en el Libro Verde, como son la realización de estudios, la recuperación de centros históricos, la adecuación ambiental de instalaciones existentes (industrias, co-

mercios, almacenes,...), entre otras. Asimismo, es necesario el fomento de la participación de entidades en el seno de las administraciones estatales, regionales y locales, a fin de desarrollar conjuntamente las propuestas del Libro Verde del Medio Ambiente Urbano.

Modelos ecológicos de renovación urbana: el caso del distrito de Vesterbro (Copenhagen)

Según los expertos, la rehabilitación de zonas urbanas existentes en el futuro tiene como objetivos principales la repoblación y la mixticidad de funciones urbanas junto con la incorporación de procesos dirigidos a la sostenibilidad (sistemas de reciclaje de residuos, de aprovechamiento del agua y de ahorro energético, entre otras medidas). En este sentido, la ciudad debe cerrarse en sí misma (debe irse hacia la ciudad compacta) en lo que se refiere al uso de recursos naturales para reducir la contribución de las ciudades a la insostenibilidad de la sociedad actual.

En este contexto la llamada arquitectura verde puede favorecer una forma sostenible de desarrollo urbano. En palabras de Robert y Brenda Vale, "la ciudad es más que una colección de edificios, es necesario interpretarla como una serie de sistemas en interrelación, sistemas para vivir, trabajar y jugar, cristalizados en formas construidas". Observando estos sistemas urbanos podremos ver la cara de la ciudad del futuro. Con los instrumentos y concepciones de la arquitectura y el urbanismo tradicionales no se avanzará positivamente hacia esta ciudad del futuro. La ciudad ha evolucionado porque la sociedad ha cambiado muy rápidamente, como consecuencia de la globalización de la economía y de la revolución de la información. La crisis ecológica está también estableciendo un nuevo marco de relaciones que incidirá en el futuro de las ciudades. Según el URBED las piezas clave de la renovación urbana de la ciudad actual son:

- La calidad del espacio urbano: la alta calidad se puede obtener con edificios bien proporcionados, atractivos y con los espacios bien mantenidos. Si bien el espacio urbano es básicamente humano ha de poder acomodar diversas formas de vida y facilitar la interacción de la población con éstas.
- Una red de calles y plazas públicas que tengan una utilidad, tanto para la movilidad como para los residentes. La ciudad del futuro se ha de basar en el peatón y escapar así de la depredación de espacio producida por el automóvil y de las barreras en el espacio urbano derivadas de las infraestructuras.
- Una red mixta de usos y servicios que reduzcan los desplazamientos en automóvil, facilitando así una mayor seguridad y una comunidad más equilibrada.
- Una masa crítica de actividad: la densidad y mixticidad de usos crean la suficiente actividad y público para animar las calles y plazas y para mantener rentables las tiendas y otros servicios locales.

- Un mínimo riesgo ambiental: mediante el desarrollo de áreas urbanas sostenibles, tanto en términos de impacto ambiental como en sus posibilidades de adaptarse a los futuros cambios. Esta política incluye un buen transporte público, el reciclaje de residuos, calefacción y suministro eléctrico combinados, viviendas energéticamente bien aisladas, espacios verdes, ahorro en el consumo de agua y uso de materiales renovables.
- La integración y permeabilidad: un marco de calles que produzca una gradación de permeabilidad que dé lugar a una posible elección de recorridos y seguridad.
- El sentido del lugar: la potenciación del uso de referencias, vistas y puntos, edificios emblemáticos, características urbanas, paisajes o el arte en la escena urbana es fundamental para dar a cada zona urbana su carácter único y su personalidad. El espacio urbano ha de ser leíble de forma que sea fácil y agradable buscar rutas variadas y libres.
- Un sentimiento de enraizamiento: un sentido de pertenencia de los residentes y trabajadores al área urbana será el que permitirá su participación en el mantenimiento y en la intervención contra los comportaminetos antisociales.

La inversión en la construcción de las ciudades europeas se ha dirigido mayoritariamente, en los últimos años, a proyectos de renovación y restauración urbanos sobretodo de barrios degradados de sus centros. Buena parte de estos proyectos urbanísticos han sido subvencionados por fondos europeos en los que se ha puesto como condición para su financiación, la aplicación de criterios de sostenibilidad y la participación e información ciudadana. Un ejemplo de esta tendencia es el proceso de rehabilitación urbana en el barrio de Vesterbro de la capital danesa de Copenhagen[5].

El distrito de Vesterbro es un área residencial del centro de la ciudad, cercana a la Estación Central, que está básicamente formada por bloques de 5 a 6 plantas que albergan unos 4.000 apartamentos, ocupados por unas 6.500 personas mayoritariamente con rentas medias y bajas. Buena parte de los apartamentos cobijan de una a dos personas y no poseen calefacción central, ni agua caliente (un 64%), ni cuarto de baño (un 71%). Su estructura social cabe considerarla como atípica con relación al resto de la capital, ya que aquí la media de desempleo es del orden del 20%. Los alquileres son bajos y atraen población de bajos ingresos, en especial estudiantes y emigrantes. Esta área fue construida entre 1850 y 1920 y el 90% de las construcciones son anteriores al año 1900, mientras que en el resto de la ciudad tan sólo el 16% de las construcciones son anteriores a esta fecha.

La iniciativa se puso en marcha en 1990 con la participación conjunta del sector público y privado y contó con la ayuda financiera de la Unión Europea. El proyecto comprendió diversos tópicos como la arquitectura y construcción, el medio ambiente construido, la vivienda, el uso de la energía y el agua, y los aspectos de información y participación. La virtualidad del modelo estribó en la puesta a punto de una aproximación a la planificación urbana de base cooperativa, en la que se implicó a las autoridades de la ciudad, a los propietarios y a los inquilinos. Por otro lado el proyecto consideró la dimensión social de la renovación ecológica del área.

En el proyecto se plantearon diversos objetivos, en concreto:
- Realizar una aproximación a la planificación de base participativa.
- Considerar la dimensión social de la renovación ecológica urbana.
- Mejorar el acceso a la información de la población.
- Establecer un proyecto educativo ambiental.
- Incrementar las áreas verdes en el distrito.
- Reducir el consumo energético de electricidad y calefacción mediante calefacción de bajo consumo y uso de técnicas de calefacción solar pasiva.
- Reducir el consumo de agua.
- Reutilizar las aguas residuales.
- Reutilizar los materiales reciclados.
- Incrementar el verde urbano.
- Reducir el tráfico.
- Integrar los diferentes niveles de la administración en la concreción del proyecto.

Para llevar a cabo el proyecto se iniciaron una serie de estudios de recolección de datos acerca de los estándares de vida, de los tipos de vivienda, de la estructura social, etc. que fueron llevados a cabo por empresas contratadas al efecto. Por su lado, el municipio publicó una primera declaración sobre rehabilitación urbana que contenía los objetivos que se pretendía conseguir. Posteriormente se realizaron diversas sesiones de información y de discusión con el vecindario a lo largo de ocho semanas lo que provocaron a criterios adicionales que dio lugar a una nueva declaración del municipio sobre este plan de rehabilitación. Una segunda ronda de discusión de otras ocho semanas permitió la redacción de la declaración final sobre renovación urbana. El plan se inició con la puesta en marcha de dos experiencias piloto que tendrían que constituir modelos de intervención para una aplicación del plan de tipo extensivo.

En la primera se incidió sobretodo en el ahorro de recursos energéticos y del consumo de agua, iniciativas que se concretaron en:

- La implantación de calefacción solar pasiva mediante el cubrimiento de balcones con vidrio.
- La instalación de 86 m^2 de paneles solares en la superficie orientada al sur conectados a tanques de almacenamiento de agua caliente de unos 3200 litros de capacidad. El agua caliente generada permitía el suministro a unos 30 apartamentos.
- La reducción de la mitad del consumo de agua mediante la aplicación de sistemas de cisternas y de sistemas eficientes de control de flujo y dispersión del agua.

- La reutilización del agua de lluvia mediante su almacenamiento en un depósito de 12.000 litros para su uso posterior en las cisternas de los apartamentos. El sistema permitía asimismo el uso de agua corriente en defecto del agua de lluvia.

En la segunda experiencia se incidió sobretodo en la potenciación del verde urbano. Si bien la media de superficie verde urbana en la mayoría de ciudades europeas es del orden de 25 m² en Vesterbro era tan solo de 5. Dadas las limitaciones de la intervención urbanística en esta fase, se optó por la construcción de un invernadero de unos 130 m² para ser usado por los residentes para sus actividades de ocio. En su base se instalaron una serie de depósitos de agua de lluvia, para ser usada para el lavado de ropa y para la recolección de agua residual de 12 apartamentos. Las aguas residuales eran tratadas en una pequeña planta de tratamiento integrada al invernadero y servían para el abastecimiento de agua de las cisternas de los apartamentos. El invernadero y la planta de tratamiento eran calentados por la energía excedente de la planta de intercambio de calor del distrito.

Un primer análisis de resultados de esta primera fase mostró que mediante estos sistemas se redujeron en un 14% las emisiones de dióxido de carbono (unas 2.500 toneladas al año). Los consumos de agua se redujeron cerca del 50%. La extensión de esta experiencia a otras zonas del distrito permitiría un aumento de estos ahorros.

IV.4 Indicadores de sostenibilidad del medio ambiente urbano

En la nueva concepción de urbanismo, éste no finaliza con la presentación del proyecto. La realidad urbana, cambiante, relacional y perfectible precisa de una gestión ambiental urbana o de urbanismo de carácter permanente y, por tanto, son necesarios elementos de información que permitan dirigir las decisiones, partiendo de una base empírica.

Si bien las realidades urbanas pueden ser diferentes en función del tipo de actividades que desarrollan (mayor o menor terciarización de la economía, por ejemplo), cabe reconocer, sin embargo, la existencia de muchas características que les son comunes, lo que permite la definición de indicadores capaces de describir la ciudad y compararla con otras realidades urbanas. Asimismo, las diferentes zonas urbanas de la misma ciudad pueden describirse de forma comparativa para así mitigar diferencias. Por el simple hecho de contener una población, las ciudades presentan un determinado nivel de calidad de vida y unas necesidades (más o menos básicas) que se deben cubrir y que serán más o menos satisfechas en función del nivel económico y social de su entorno regional.

En el Informe Dobris sobre el medio ambiente en Europa, se plantéaron un total de 55 indicadores descriptivos del medio ambiente urbano agrupados en tres categorías:

- indicadores urbanos básicos (*patterns*),
- indicadores de flujos urbanos, e
- indicadores de calidad ambiental urbana.

Los datos estadísticos referidos a estos indicadores son incompletos para muchas de las 51 ciudades europeas analizadas en el Informe Dobris. El conocimiento de la realidad urbana en Europa está lejos de ser completa y precisa de una dedicación de esfuerzos de investigación y tratamiento de la información, dado el bajo nivel de fiabilidad y comparabilidad de los datos de que se disponen.

Unos problemas urbanos son de orden social (individualismo, segregación, desvinculación, opulencia, aislamiento, consumismo, competitividad entre iguales,...) mientras que otros son de orden ecológico o ambiental (ruidos, contaminación del aire y de las aguas, derroche de los recursos materiales y energéticos, falta de espacios verdes y de espacios de relación social, producción innecesaria de residuos, transporte individualizado, déficits en comunicación territorial,...). Cabe decir que estos problemas, tanto los de orden social como ambiental, están estrechamente interrelacionados. Así, por ejemplo, se puede relacionar qué efectos tiene sobre la calidad de vida en la ciudad los comportamientos insolidarios derivados de un individualismo patente: ruidos innecesarios, desperdicios en las calles, estacionamiento indebido. Recíprocamente, un ambiente ruidoso, contaminado, sucio, repleto de coches y sin unos servicios mínimos para el ocio de niños, jóvenes y adultos, induce al estrés y fomenta el aislamiento de la persona como forma de autodefensa psíquica, limitando las relaciones con los otros, imposibilitando la apropiación del entorno inmediato y haciendo difícil la participación en la solución cotidiana de los problemas que se presentan en la calle. De esta forma, la calle o no es de nadie o tal vez sólo de los coches o del aprovechado de turno.

El término indicador sugiere la estimación sobre el valor de algún aspecto de la realidad a menudo guía en las decisiones a tomar. Los indicadores constituyen una síntesis o describen una propiedad emergente y comprensible de un sistema de relaciones.

En cualquier sistema, la interpretación del significado de los datos básicos que describen los cambios que sufren los distintos elementos del mismo es difícil de llevar a cabo debido al gran volumen de información de la que se suele disponer y de la dificultad existente para relacionar los cambios en los distintos elementos del sistema. Resulta necesario, pues, el análisis de la información básica para deducir propiedades simples del sistema. La información, analizada en distintos niveles de agregación, puede ser entonces útil en distintos contextos (científico, técnico, político, etc.).

Distintos tipos de indicadores se han usado tradicionalmente en la mayoría de las disciplinas sobretodo en las ciencias sociales, en la economía y en la política.

Un tipo de indicadores que desde hace mucho tiempo han sido usados por las ciencias biológicas y ambientales, son los bioindicadores. Se trata de especies concretas de organismos que solo están presentes si el entorno en el que se encuentran reúne una serie de características (unos determinados intervalos de temperatura, de salinidad del agua o de otro tipo de propiedades del medio físico).

Los indicadores resultan de la agregación de la información a un nivel máximo de integración. Está claro que un buen indicador será aquel que refleje de forma fidedigna el comportamiento del sistema con relación a un aspecto de interés para la gestión o simplemente para el conocimiento de la evolución de la realidad. La emergencia de la cultura de la sostenibilidad ha conducido a que los valores de una sociedad no sólo deben deducirse del conocimiento de la economía, por ejemplo, sino que se debe integrar una amplia gama de aspectos como son los ambientales y sociales. Se trata de valores o calidades que resultan de la integración de diferentes variables ambientales y sociales, que se relacionan con la calidad de vida de la población y de su medio ambiente. Es importante considerar que un sistema de indicadores dado no es un sistema estático sino que ha de adaptarse a las necesidades del momento en función de la evolución seguida hacia la sostenibilidad.

Los indicadores de sostenibilidad presentan diferentes niveles de agregación de la misma que será significativa para los diferentes receptores o usuarios de la información. Para los expertos en temas ambientales, serán necesarios indicadores que reflejen el estado de determinados aspectos derivados de datos básicos, puesto que la utilización de la información será a menudo objeto de posteriores análisis y reelaboraciones. Los gestores precisaran niveles de integración superiores, útiles para la gestión y la toma de decisiones, mientras que para la población en general pueden ser necesarios indicadores o índices generales que resulten incluso de la integración de otros indicadores.

Diferentes organizaciones internacionales, nacionales y locales han desarrollado sistemas de indicadores de sostenibilidad. Uno de los mas extendidos es el propuesto por la Comisión de Desarrollo Sostenible de las Naciones Unidas conocido como el modelo PER (Presión-Estado-Respuesta). En este caso, los indicadores se agrupan en tres clases, en función del tipo de información a la que se refieren: causas de impacto (indicadores de presión), estado del medio con relación al impacto (indicadores de estado) y respuesta dada al impacto (indicadores de respuesta).

El sistema de la ciudad de Seattle sostenible (elaborado por la comunidad para la comunidad) presenta diferentes categorías, que aglutinan respectivamente indicadores sobre la calidad del medio ambiente (salmones detectados, zonas húmedas, biodiversidad, erosión del suelo, calidad del aire, calles peatonales, espacios abiertos,...), indicadores sobre la población y los recursos, indicadores económicos, indicadores relacionados con los jóvenes y la educación, y un conjunto de indicadores derivados sobre el estado de la salud y las características de la comunidad.

El sistema de termómetros de la Haya está básicamente pensado para informar a la población, de una forma sencilla, del estado de la ciudad en distintos aspectos, mediante la utilización de representaciones gráficas en forma de termómetros. Las categorías de indicadores son las siguientes:

A- Indicadores relacionados con el agua: reducción de la descarga de aguas residuales en las aguas superficiales, número de colectores no conectados a sistemas de depuración, reducción del consumo de agua,...

B- Indicadores de movilidad: incremento del número de pasajeros que utilizan el transporte público, número de kilómetros de recorrido del transporte público, reducción del número de víctimas derivadas del transporte,...

C- Indicadores de ruido: número de viviendas aisladas acústicamente cercanas a viales, áreas de velocidad limitada a 30 km/h,...

D- Indicadores relacionados con los residuos: cantidades de residuos orgánicos compostados, recuperación del vidrio,...

E- Otros grupos de indicadores: calidad del suelo (suelo limpio de áreas industriales,...), usos de la energía (reducción de las emisiones de CO_2, incremento en la producción de energía eólica,..), estado de los espacios naturales, intensidad de negocio y estado de la calidad de vida de la población.

La Comisión de las Naciones Unidas para el Desarrollo Sostenible propuso un sistema de indicadores, de uso didáctico, dentro del proyecto de educación ambiental "Misión de Rescate del Planeta Tierra". El sistema cuenta con indicadores referidos a parámetros de calidad del aire, del agua y de otros problemas ambientales.

Un indicador de carácter general es el ideado a partir de las ideas de William Rees referidos a la pisada ambiental. Es un valor que expresa la superficie del territorio necesaria para absorber los impactos producidos por la ciudad (por ejemplo, para absorber el dióxido de carbono generado por las combustiones).

El sistema de indicadores ABC propone tres niveles de indicadores, que permitirían superar las limitaciones que supone la utilización exclusiva de indicadores de validez local y regional. Según este sistema, los indicadores están organizados en tres niveles de integración, en concreto:

A- Indicadores específicos de área
B- Indicadores básicos (de carácter regional, por ejemplo la región europea)
C- Indicadores centrales (o indicadores core, de validez universal)

Un grupo de 12 ciudades europeas está experimentando este sistema y se tienen datos concretos de la evolución de los indicadores de cinco años. Este sistema posee la ventaja de que permite la comparación del estado medioambiental de distintas zonas y la objetivación de la información. Además, permite la adaptación a la singularidad de cada

ciudad. Algunos de los ejemplos del grupo B, de indicadores básicos de carácter regional, son los siguientes:
- % de la población que tiene acceso a espacios abiertos, públicos o privados, a menos de 400 m o caminando durante menos de cinco minutos.
- Media de consumo de agua de bebida por habitante.
- Porcentaje de viviendas que utilizan paneles solares fotovoltaicos.
- Porcentaje de viviendas que practican la recogida selectiva para el compostaje.
- Número de centros de educación o información ambientales (sin considerar las escuelas).
- Número de automóviles por 1000 habitantes.
- Porcentaje de calles para peatones.
- Número de accidentes de tráfico: número de muertes y heridos.
- Número de crímenes,...

ATRIBUTOS	INDICADORES URBANOS BÁSICOS	
1.- Población urbana	a/ Población	- Número de habitantes en la ciudad (1) - Número de habitantes en la conurbación (2)
	b/ Densidad de población	- Población por km² (3) - Superficies según tipos de densidad (4)
2.- Ocupación urbana del territorio	a/ Superficie total	- Superficie en km² (5)
	b/ Superficie total construida	- Superficie en km² (6)
	c/ Áreas abiertas	- Superficie según usos del suelo (7) - Superficie en km² (8) - % de áreas verdes (9)
	d/ Red de transporte	- % de superficie ocupada por el agua (10) - Longitud de autopistas y autovías (km) (11) - Longitud de vías de tren (km) (12) - % en superficie del área urbana total (13)
3.- Áreas abandonadas	Superficie total	- Superficie en km² (14) - % del área urbana total (15)
4.- Áreas renovación urbana	Superficie total	- Superficie en km² (16) - % de la superficie total (17)
5.- Movilidad urbana	a/ División modal (por tipos de transporte)	- Número de desplazamientos por habitante y día (18) - Longitud media de los desplazamientos en km por habitante y día (19)
	b/ Patrones de desplazamiento	- Número de desplazamientos de entrada y salida de la conurbación (20)
	c/ Volúmenes de tráfico	- % de la población urbana que entra y sale (21) - Volumen total (22) - Flujo interno y externo, en vehículo por km (23) - Número de vehículos en las principales rutas (24)

ATRIBUTOS	INDICADORES DE FLUJOS URBANOS	
6.- Agua	a/ Consumo de agua	- Consumo por habitante, en litros por día (25) - % de recursos de agua subterránea respecto al total de agua suministrada (26)
	b/ Aguas residuales	- % de viviendas conectadas al sistema de alcantarillado (27) - Número de plantas depuradoras por tipos de tratamiento (28) - Capacidad de depuración por tipos de tratamiento (29)
7.- Energía	a/ Consumo de energía	- Energía eléctrica usada, en Gw/año (30) - Energía usada según tipo de combustible y sector (31)
	b/ Plantas de producción de energía	- Número de plantas en la conurbación (32) - Tipos de plantas en la conurbación (33)
8.- Materiales y productos	Transporte de bienes	- Cantidad de bienes transportados dentro y fuera de la ciudad, en kg per cápita y año (34)
9.- Residuos	a/ Producción de residuos	- Cantidad de residuos recogidos, en toneladas por habitante y año (35) - Composición de los residuos (36)
	b/ Reciclado	- % de residuos reciclados por fracción (37)
	c/ Tratamiento de residuos y eliminación	- Número de incineradoras (38) - Volumen incinerado (39) - Número de vertederos (40) - Volumen recibido en los vertederos según tipo de residuo (41)
ATRIBUTOS	**INDICADORES DE CALIDAD AMBIENTAL URBANA**	
10.- Calidad del agua	a/ Agua para beber	- Número de días al año en los que los estándares de la OMS se han excedido (42)
	b/ Agua superficial	- Concentración de oxígeno disuelto en las aguas superficiales, en mg/litro (43) - Número de días en los que el pH es > 9 o < 6 (44)
11.- Calidad del aire	a/ A largo plazo: SO_2 y partículas en suspensión	- Media anual de las concentraciones (45)
	b/ Concentraciones a corto plazo: O_3, SO_2 y partículas en suspensión	- Excedentes de los criterios de calidad del aire para el O_3 (46), SO_2 (47) y partículas en suspensión (48)
12.- Calidad acústica	Exposición al ruido (habitante por periodo de tiempo)	- Exposición al ruido superior a 65 dB (49) - Exposición al ruido superior a 75 dB (50)
13.- Seguridad del tráfico	Consecuencias de los accidentes de tráfico	- Número de muertos por 10.000 habitantes (51) - Número de heridos por 10.000 habitantes (52)
14.- Calidad de la vivienda	Media de superficie de suelo por persona	- m^2 por persona (53)
15.- Accesibilidad a los espacios verdes	Proximidad a las áreas verdes urbanas	- Porcentaje de personas que poseen una área verde en 15 minutos de paseo (54)
16.- Calidad de los hábitats urbanos	Número de especies de pájaros	- Número de especies de pájaros (55)

Indicadores del medio ambiente urbano. Fuente: European Environment Agency. Europe´s Environment.

The Dobris Assessment. EEA, 1995.

Indicadores de presión	Indicadores de estado	Indicadores de respuesta
Índice de movilidad en vehículo privado (km x vehículo x año) E	Usos reales del suelo (Ha) E	Desplazamientos en transporte público (%) E
Consumo de agua (litros por habitante y día) F	Artificialización de la línea de costa (km) E	Espacio viario destinado a peatones y bicicletas (m^2 y m) E
Producción de aguas residuales industriales (m^3) F	Calidad ecológica de los ríos (valores del índice usual) C	Representantes en los consejos municipales (número) E
Aguas residuales urbanas tratadas (m^3) F	Calidad de las aguas y arena litorales (valores de los índices usuales) C	Alegaciones ambientales a los proyectos municipales (número) E
Energía consumida (Kw/hab x año) F	Población sin servicio de suministro de agua potable (número de ciudadanos) C	Asociaciones ambientales activas en el municipio (número asociaciones/número de socios) E
Consumo de energías renovables (Kw x año) F	Condiciones de las praderías de *Posidonia oceanica* (unidades del índice escogido) C	Residuos industriales valorizados (Tm/año) F
Consumo de carburantes (litros/vehículo x año) F	Superficie forestal quemada (Ha) C	Superficie reforestada (Ha) C
Emisión de contaminantes atmosféricos (Tm) F	Suelo agrícola en el municipio (Ha) E	Proximidad a zonas verdes urbanas (metros y número de ciudadanos) C
Emisión de gases que contribuyen al efecto invernadero (Tm/año) F	Tiempo necesario para llegar a pie a los servicios básicos (horas) E	Protección de zonas naturales (Ha) E

Tabla 12: Selección de algunos de los indicadores de sostenibilidad propuestos en *Xarxa de ciutats i pobles cap a la sostenibilitat,* Diputació de Barcelona, 1998. Se trata de un conjunto de 50 indicadores clasificados en tres grupos siguiendo el sistema PER propuesto por la Comisión de Desarrollo Sostenible de las Naciones Unidas. Estos mismos indicadores pueden, a la vez, clasificarse en indicadores de estructura municipal (E), de flujos municipales (F) y de calidad municipal (C), siguiendo la propuesta del Informe Dobris sobre el estado del medio ambiente en Europa de la Unión Europea 1995.

En el mercado es posible encontrar programas informáticos que manejan los datos de indicadores y permiten combinaciones de interés para el análisis de la realidad en un momento determinado. Uno de estos instrumentos es INDEX® de Criterion (ver http://www.crit.com/), que usa la tecnología de Sistemas de Información Geográfica (GIS) basados en ESRI ArcView y permite la concreción en el espacio de los datos de diferentes indicadores, desde los de tipo ambiental a los socioeconómicos. Además, permite una sencilla comunicación a la población de la evolución de estos indicadores.

IV.5 Elementos para una arquitectura sostenible

Arquitectura y sociedad sostenible

Los impactos de la arquitectura y de la construcción sobre el medio ambiente y la calidad de vida son, en general, poco conocidos entre la población. Estos impactos presenten una doble dimensión, global y local, con manifestaciones concretas.

En relación con los impactos de carácter global, los expertos han valorado que una décima parte de la energía usada en la sociedad actual se dedica a la construcción y al mantenimiento de los edificios de viviendas y de oficinas. También se ha calculado que una parte muy significativa de los recursos físicos del planeta (madera, agua, recursos minerales,...) se dedica a este sector. Reflejo de ello es que el 40% de los materiales usados en la sociedad moderna se convierten en materiales de construcción. La construcción del edificio, así como la producción y el transporte de los materiales necesarios, consume tanta energía y produce tanta contaminación como diez años de funcionamiento del mismo. Consecuentemente, la forma en que se construye y habita incide en el estado del medio ambiente global, en aspectos como la destrucción de bosques, el deterioro del paisaje para la obtención de materiales, la degradación de los ríos, la contaminación del aire o el cambio climático derivado de las combustiones de procesos industriales relacionados con la producción de los materiales de la construcción.

Los impactos ambientales se manifiestan también a escala local en aspectos como el consumo de espacio o las molestias derivadas del proceso constructivo y, en la fase de uso, en aspectos como la calidad de vida, la salud y la seguridad de sus habitantes. Estos aspectos se concretan, entre otros, en la creación de atmósferas interiores no saludables, en la alienación de sus ocupantes por la determinación de su comportamiento a causa de un diseño inadecuado, o en la exposición a ruidos intensos y continuados.

Nuevas técnicas de diseño y construcción sostenibles han de implantarse en un futuro próximo en el contexto de una sociedad que haya optado por la sostenibilidad. La experiencia obtenida con la implantación de sistemas de gestión medioambiental en otros campos, como es el caso de la industria, permitirían avanzar en esta dirección.

En el sector industrial, por ejemplo, los efectos de la producción se manifiestan de una forma evidente e inmediata en la contaminación del medio, lo que ha obligado a sus gestores y a la administración a implantar medidas correctoras. A lo largo de los últimos decenios, se han manifestado tres tendencias sucesivas, aunque en la actualidad se pueden encontrar en vigencia las tres posiciones. La primera, marcada por la irresponsabilidad, se concretaba en la reducción de las emisiones contaminantes escondiéndolas de alguna manera. Algunas prácticas como la disolución de los contaminantes en grandes volúmenes de agua o aire para reducir su concentración, y así no superar los límites establecidos, eran habituales. En relación con los residuos sólidos tóxicos y peligrosos o bien se depositaban en áreas incontroladas o bien se inyectaban a terrenos de alquiler o compra. Todas estas prácticas han tenido importantes costos sociales como consecuencia del necesario saneamiento posterior de los suelos y de las aguas.

La segunda fase, dominante en los años 70 y 80, se caracterizó por la corrección al final del proceso productivo, en lo que en inglés de conoce como *end-of-pipe*. Los impactos ambientales eran mitigados por plantas depuradoras de aguas residuales, equipos de tratamiento de gases y partículas o con la inertización, incineración o vertido controlado de residuos. Esta vía implicaba grandes inversiones en instalaciones, con tecnologías a menudo sofisticadas, y gastos, de mantenimiento y dedicación de personal especializado que, en determinadas industrias, condicionaban su viabilidad económica.

La tercera tendencia, iniciada a finales de los años 80 y en la década de los 90, se caracteriza por la prevención de la contaminación desde el origen y en la internalización de los costes ambientales. Se trata de revisar completamente el sistema productivo para reducir los impactos en el medio ambiente. Esta revisión y la implantación de medidas correctoras reduce al mínimo las emisiones en cada punto, optimiza el uso de la energía y da lugar a un proceso productivo limpio, eficaz y competitivo.

Dentro del proceso se recuperan los materiales y se potencia la cogeneración para evitar las pérdidas energéticas. Los materiales no reutilizables por la propia industria se comercializan como subproductos o materias primas para otros procesos industriales que los pueden aprovechar. Los residuos no utilizables son convenientemente tratados y dan lugar a residuos inertes. Las pérdidas de agua y de materiales se minimizan, puesto que se establece un ciclo más o menos cerrado en el proceso productivo. Asimismo, el conocimiento y el control detallado de las distintas fases del proceso inciden en una mayor seguridad del trabajador y de la población del entorno próximo.

Las experiencias llevadas a cabo hasta ahora demuestran que las inversiones necesarias para optimizar el proceso productivo son amortizadas en poco tiempo puesto que se hacen necesarios menos recursos materiales y energéticos. La consecución de este modelo está ligada al establecimiento de un sistema de gestión medioambiental, integrado en el sistema de gestión general de la industria, en el que se establecen objetivos, procedimientos y la evaluación continuada del propio sistema.

En relación con esta tendencia, se ha de considerar que la sostenibilidad de un proceso productivo no está solamente vinculada a la calidad del proceso sino también al producto en sí mismo. Mediante el análisis del ciclo de vida del producto pueden conocerse los impactos directos e indirectos del mismo. Este método de análisis considera los costos energéticos y de recursos naturales, así como los impactos derivados de la obtención de las materias primas necesarias en el proceso productivo. También considera los mismos costes referidos al uso posterior del producto por parte del consumidor, así como los derivados del tratamiento, reciclaje o reutilización de los residuos generados. En otros términos: es un análisis que recorre todo el ciclo de vida del producto (de la cuna a la tumba).

En el campo inmobiliario se han producido experiencias similares en esta dirección. En 1987 se dio por acabada la nueva sede del Banco Internacional de Holanda en Amsterdam, en la que se realizó un diseño "orgánico" que consideró tanto los aspectos de ahorro energético y de otros recursos como los de integración de formas naturales en sus interiores. El diseño incorporó diversas medidas, de forma que en la nueva sede se consumía la décima parte de la energía que usaba el antiguo edificio. Los costes adicionales derivados del diseño y de la construcción, invertidos en este ahorro energético y de materiales, fueron amortizados en tan sólo cuatro meses. Si bien esta experiencia es indicativa de las posibilidades en el futuro, cabe decir que se trata de una experiencia concreta en absoluto, muestra del las tendencias dominantes en estos momentos, pues, siguen predominando criterios de rentabilidad inmediata a corto término, derivados de la resistencia al cambio por parte de los diversos agentes actuantes en el negocio inmobiliario.

Hacia una práctica de la construcción sostenible

Los impactos de la construcción sobre la calidad del medio ambiente son de índole local y global, y derivan tanto de la alta intensidad en el uso de los recursos naturales y de la energía como de la elevada generación de residuos que ello conlleva. Para valorar estos impactos se debe tener en cuenta no sólo la fase de construcción sino también el ciclo de vida del edificio. Este ciclo comprende el proyecto, la producción de materiales de construcción, la ejecución, el uso, el derribo o su rehabilitación y la gestión de los residuos generados en las distintas fases. Por tanto, para un edificio, como para cualquier otro producto, la aplicación de criterios de sostenibilidad tendrá que tener en cuenta el análisis completo del ciclo de vida del edificio desde la idea arquitectónica hasta su previsible final.

Los impactos del edificio construido, de tipo local, inciden en la calidad de vida (y en la salud) tanto de sus ocupantes como de la población residente en su entorno más o menos inmediato. Los impactos de carácter global son consecuencia de la intensidad de uso de los materiales y de la energía invertida en la construcción. Los materiales de construcción se obtienen a partir de una intrincada estructura de explotación de los recursos naturales del territorio próximo y lejano (canteras, explotaciones forestales, cementeras, u otras industrias de transformación de metales o plásticos, por ejemplo) que generan impactos ambientales de distinta índole. La alta intensidad en el uso de la energía de la construcción deriva, sobretodo, del transporte y de las propias actividades constructivas, que son asimilables a las que se producen en otras industrias de transformación.

Las medidas que pueden favorecer una construcción sostenible abarcan diferentes aspectos.[7]

1. La elección de los materiales de construcción

La tendencia a usar materiales certificados, a los que se haya aplicado el análisis del ciclo de vida, procedentes de empresas avaladas con ecoetiquetas, permitiría garantizar la utilización de materiales elaborados con criterios de sostenibilidad.

2. La implantación de sistemas de gestión de los residuos

La determinación, en las fases de proyecto, construcción, uso y derribo, del sistema de minimización o reducción, reutilización, eliminación y tratamiento de los residuos es fundamental para un edificio sostenible. La implantación de normativas, tasas y reglamentos por parte de las administraciones es también una herramienta que se ha demostrado eficaz en otros campos productivos.

3. La implantación de medidas tendentes a la eficiencia energética del edificio

El diseño y la ejecución de la construcción ha de considerar la eficiencia energética, reduciendo las pérdidas y potenciando el uso de energías renovables. En la fase de diseño, es obvio considerar la orientación del edificio y su ventilación natural así como las oportunidades de generación de energías alternativas como son la solar y la eólica. Las soluciones arquitectónicas también deberán considerar los usos del edificio en la dirección de incrementar sus rendimientos y eficiencia. En la fase de construcción, se deberán tener en cuenta las técnicas constructivas tendentes a la optimización del proceso.

4. La consideración de la salud, el confort y la seguridad de los residentes

El diseño del edificio tendrá de atender aspectos como el ruido, la iluminación, la ventilación, la intimidad, la relación interpersonal, el confort y la seguridad de los distintos grupos de edad, de cara a potenciar el desarrollo personal y social y, en consecuencia, la calidad de vida de la población residente.

5. La priorización de la rehabilitación sobre la nueva construcción

El diseño de edificios con una mayor duración de su vida útil, la elección de materiales constructivos que lo permitan y el establecimiento de sistemas de seguimiento y mantenimiento del edificio son fundamentales en una política constructiva sostenible. De otro lado, las decisiones dirigidas a la rehabilitación, además de significar un ahorro de materiales y de energía, y de sus impactos, permiten mejorar las condiciones de vida conservando, al mismo tiempo, la historia propia del lugar, su significado y el mantenimiento de las relaciones interpersonales, sociales y afectivas establecidas a lo largo del tiempo, que inciden en la identificación personal de sus habitantes. La arqueología nos muestra cómo los materiales y parte de las estructuras de los edificios romanos, por ejemplo, han servido de base para las edificaciones de civilizaciones posteriores. Parafraseando a Muntañola, la Arquitectura no es más que la síntesis entre la transformación del medio físico y la historia de la sociedad, es un punto de contacto singular entre técnica y sociedad, entre naturaleza e intercambio social (Muntañola, 1995).

6. La promoción de la construcción sostenible entre los agentes implicados

La formación de los profesionales de la arquitectura y de la construcción, de los responsables de la administración, de los propietarios, de los promotores y de los usuarios es fundamental para avanzar en esta tendencia. Aspectos concretos como la elaboración de guías que faciliten estas prácticas y su promoción, basada en casos concretos que muestren las ventajas económicas y ambientales derivadas de la construcción sostenible, permitirían avanzar en esta tendencia y vencer las resistencias al cambio de los distintos actores implicados.

Los sistemas de gestión medioambiental han venido aplicándose en los últimos años en la industria y en los servicios con el objetivo de mejorar su comportamiento medioambiental. Determinadas empresas de obras públicas están aplicando las normas internacionales, como la norma ISO 14000 o el reglamento europeo de ecogestión y auditoria (EMAS).

Se trata de modelos de gestión que parten de una política medioambiental asumida por la dirección de la empresa. Este compromiso permite la realización de una evaluación ambiental inicial, para detectar los aspectos medioambientales de la actividad que deben ser mejorados, y concretar en un programa medioambiental. El sistema ha de estar documentado mediante un manual, unos procedimientos (de residuos, por ejemplo) y unas instrucciones de trabajo que se aplican al proceso productivo y señalan las responsabilidades y actuaciones necesarias para conseguir los objetivos planteados en el programa medioambiental.

Si el sistema está sujeto a la norma de ser revisado por una entidad externa, reconocida oficialmente, que lleva a cabo una auditoría, una vez superada la auditoria, se otorga a la empresa un distintivo o ecoetiqueta que puede mostrar en su documentación y en su difusión (no en los productos). Las conclusiones de esta última pueden dar lugar al establecimiento de un nuevo programa medioambiental y, si es el caso, a la modificación de la política medioambiental de la empresa. De esta manera se reinicia el ciclo para completarse nuevamente.

Medios necesidades	Aire	Agua	Suelo/territorio	Naturaleza y Paisaje
Espacio	- actividad constructiva→ emisiones de formaldehido, radon,...	-ajardinamiento→ lixiviados de pesticidas y fertilizantes	- renovaciones o ampliaciones→ residuos de la construcción→ problemas de vertido	- viviendas, jardines→ impactos visuales en el paisaje
Energía (calefacción, refrigeración, cocina, iluminación y suministro eléctrico)	- carbón, gasoil, gas→emisiones de CO_2, CO, NO_x, SO_2, humos, partículas y compuestos orgánicos volátiles (COVs)			
Suministro de agua doméstica		- aguas residuales→ emisiones de materia orgánica y compuestos del nitrógeno y del fósforo - uso de detergentes en el lavado→ emisiones de materia orgánica y sólidos en suspensión - utilización del agua para usos domésticos→ presiones sobre la disponibilidad de agua		
Consumo de bienes: - alimentos, bebidas y tabaco - vestidos, zapatos - muebles y equipamiento del hogar - medicinas - productos de entretenimiento	- Aerosoles, disolventes, pinturas, equipos de refrigeración→ emisiones de COVs, CFCs - Incineración de residuos→ contaminación del aire	- Uso de lejías y desinfectantes→ compuestos orgánicos clorados - Preparación de comidas→ emisiones de nutrientes, materia orgánica	- Residuos domésticos (incluyendo restos de comida, papel y cartón, vidrio, materiales ferrosos, etc.→explotación de recursos del territorio - residuos químicos, embalajes, pesticidas, aceite, restos de pintura, baterías, cosméticos, medicinas, líquidos de fotografía	

| Transporte y servicios | - Consumo de combustibles→ emisiones de COVs, NOx, partículas, CO, CO_2
- Pinturas de coches→ emisiones de COVs
- Repostaje y mantenimiento→ emisiones de COVs | - Lavado de aceites y lubricantes desde la red viaria→ polución del agua | - neumáticos usados, vehículos usados y componentes de vehículos
- territorio para caminos, carreteras y servicios, incluyendo suministro de agua, telecomunicaciones cables y líneas de electricidad→ pérdida de suelo para otros usos | |

Tabla 13 : Impactos más significativos derivados del mantenimiento de las viviendas, adaptación de Stanners, D; Bourdeau, (1995), Ph. (eds.) en *Europe's Environment: The Dobris Assessment*. European Environment Agency, Copenhagen.

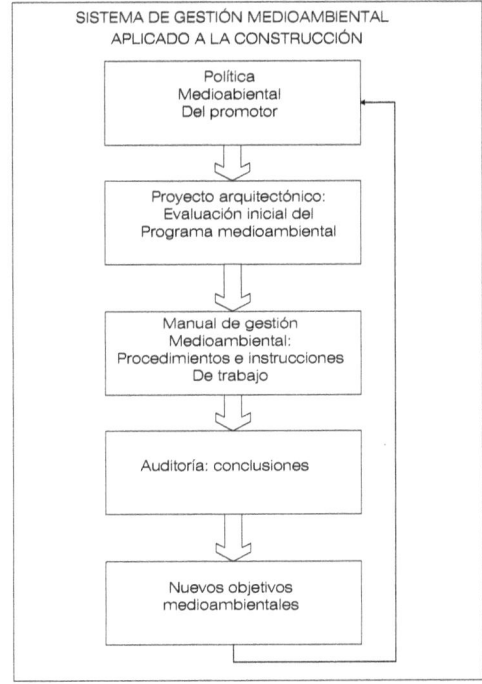

IV.6 Diseño integrado para la sostenibilidad

Los productos presentan una serie de atributos que el diseñador ha incorporado de forma expresa. Si la sociedad sostenible ha de dar lugar a edificios sostenibles, es necesario que los agentes implicados persigan una serie de objetivos comunes en esta dirección. Aspectos como la eficiencia energética del edificio, el ahorro de energías no renovables, de materiales, el uso de materiales recuperados, la robustez del edificio que garantice una larga vida, la minimización en la producción de residuos, el confort, la habitabilidad, la seguridad o hasta la elección de las pinturas tendrán que ser considerados por arquitectos, constructores, promotores o instaladores.

Dos criterios fundamentales han de considerarse en el proceso de diseño. El primero hace referencia a la integración de los agentes implicados. El segundo criterio se refiere a la necesidad de diseñar pensado en el contexto concreto. Si bien la aplicación de estos criterios encarece el proceso de diseño, los sobrecostes quedan ampliamente amortizados en poco tiempo por la propia calidad del producto que, en el caso de un edificio, puede traducirse en una mayor disponibilidad de espacio, un ahorro energético y de materiales, un mayor confort para los usuarios y una larga vida de su estructura.

El actual sistema de remuneración de los profesionales incentiva los altos presupuestos, que dan lugar al sobredimensionamiento de los proyectos. La perspectiva del diseño integrado difícilmente puede ser aplicada mientras la administración y los colectivos de profesionales no animen a esta alternativa. Los pliegos de condiciones técnicas para la redacción de proyectos de arquitectura y construcción ambientalmente sostenibles se van haciendo imprescindibles para avanzar en esta dirección.

Una segunda dificultad deriva del hecho que el diseñador dispone de poca información sobre la naturaleza de los materiales, de su origen, de los costes ecológicos del sistema de fabricación, de la durabilidad del producto o de las alternativas del residuo al final de su vida útil. Las especificaciones ambientales de los materiales son fundamentales en la perspectiva del diseño integrado. El análisis del ciclo de vida y el etiquetado ecológico parecen, pues, aspectos fundamentales.

Arquitectura y urbanismo sostenibles

1.- En la fase de diseño
- Análisis del ciclo de vida de los materiales de construcción (cemento, hormigón, enyesados, ladrillos, acero, vidrio, cerámica, materiales aislantes, pinturas, plásticos, madera,...)
- Emisiones atmosféricas en su extracción y transformación
- Costes energéticos
- Residuos generados
- Recursos naturales utilizados
- Alternativas al uso de materiales tóxicos y peligrosos (asbesto, fibras minerales, plomo, plásticos, pesticidas,...)
- Uso de materiales reciclados
- Elección de tipos constructivos
- Tipos de cimentación, de elementos estructurales, de forjados, de fachadas, de cubiertas
- Diseño energético
- Condiciones climáticas del entorno
- Microclima
- Orientación, forma y volumen
- Inercia térmica
- Aislamiento térmico
- Aislamiento acústico
- Diseño compositivo de los elementos de control ambiental: ventanas, paredes, ventilación,...
- Tipo de instalaciones de abastecimiento energético: tipos, sistemas de control,...
- Cogeneración e instalaciones de energías renovables (solar, eólica,...)
- Consumo energético del edificio a lo largo de su ciclo de vida

- Análisis del ciclo de vida de la propia construcción
- Soluciones constructivas dirigidas a la desconstrucción
- Reciclado o reutilización de los residuos de demolición
- Perdurabilidad
- Robustez
- Confort
- Seguridad
- Usos futuros alternativos de la edificación, rehabilitación,...
- Priorización de elementos acabados y de anclaje en seco respecto a la utilización de los húmedos (mortero, por ejemplo), dirigida a la reutilización posterior de residuos en la desconstrucción

2.- En el proceso constructivo
- Impactos ambientales de la edificación en el entorno próximo (ruidos, circulación, emisiones, residuos,...)
- Energía utilizada en el proceso de construcción: fuentes, eficiencia, optimización del proceso constructivo...
- Residuos generados en el proceso constructivo: minimización, reutilización, reciclado, eliminación, clasificación, recogida selectiva en la obra,...

3.- En la desconstrucción (*versus* demolición)
- Fases del proceso de desconstrucción
- Residuos generados: posibilidades de reciclado, reutilización, minimización, clasificación en materiales homogéneos, recogida selectiva, tratamiento de materiales contaminantes, valorización o comercialización de los residuos,...

Tabla 14: Elementos principales en el diseño integrado

[1] Ver al respecto la revisión sobre estas críticas hecha en Pol, E. (2000): *Impacte social, comunicació ambiental i participació*. Monografies universitàries, 3. Departament de Medi Ambient. Generalitat de Catalunya.
[2] Ruano, M.: *La ciudad relacional. Un modelo de eco-urbanismo para la ciudad sostenible*, en http://www.pangea.org/events/sostenible/doc/ruano.html.
[3] Baglow, L. (1999): *Questions and Models for Ecologically Sustainable Residential Development in South East Queensland*. School of Planning Landscape Architecture and Surveying, en http://olt.qut.edu.au/int/selby/Projects/default.cfm.
[4] Cita de Baglow, L. en la obra citada (1999).
[5] Guilianelli, S.: «Objetivos de la Conferencia» en *El futuro del medio ambiente urbano*. Conferencia de Madrid, 29-30 de abril de 1991. Colecci\n Textos y Documentos de la Secretaria General del Medio Ambiente, MOPU, 1991.
[6] City of Copenhagen / Agency of Environmental Protection (1993): *Ecological Urban Renewal in Copenhagen. A European Model, Final Report on the EC-project Model for Ecological Renewal of Old City Areas*, Copenhagen,. Extraído de la base de datos "SURBAN Good practice in urban development", European Commission, DG XI and Land of Berlin European Academy of the Urban Environment, Berlin.
[7] Ver las conclusiones de las I Jornades sobre Construcció i Desenvolupament Sostenible. Barcelona 16,17 I 18 de maig de 1996, Col·legi d'Aparelladors I Arquitectes Tècnics de Barcelona, Barcelona, 1996.

Bibliografía

1. Alexander, C. et al. (1977). *A Pattern Language*. Oxford University Press, Neva York.
2. Baglow, L. (1999). *Questions and Models for Ecologically Sustainable Residential Development in South East Queensland*. School of Planning Landscape Architecture and Surveying, en http://olt.qut.edu.au/int/selby/Projects/default.cfm.
3. Barracó, H.; Parés; M., Prat; A., Terradas; J. (1999). *Barcelona 1985-1999. Ecologia d'una ciutat*. Ed. Ajuntament de Barcelona.
4. Beck U. (1995). *Ecological Politics in an Age of Risk*, Polity Press, Cambridge.
5. Begon, Harper, Towsend (1988). *Ecología: individuos, poblaciones y comunidades*.Omega.
6. Berger,J.J.(1990). "Environmental Restoration: science and strategies for restoring the earth". Island Press, Washington, D.C.
7. Bertalanffy, L von (1968). *General System Theory. Foundations, Development, Aplications.* George Brazilier, Neva York. Versión en español: Bertalanffy, L. Von. (1976). *Teoría general de los sistemas. Fundamentos, desarrollo, aplicaciones*. Fondo de Cultura Económica, Madrid.
8. Bertalanffy et al. (1978). *Tendencias en la teoría general de sistemas*. Alianza Universidad, Alianza Editorial, Madrid.
9. Blowers A. (1997). "Society and Sustainability: The context of change for planning", en Blowers Andrew y Evans Bob (eds). *Town Planning into the 21st Century*. Routledge, London, pp.153-167.
10. Brown, A. (2001). *Architecture as system: the book*. En http://www.geocities.com/archinode/index.htm.
11. Boyd, D. (1997). "Environmental Indicators as a Tool for Communication and Citizen Awareness. Per unes ciutats més sostenibles". Reus, 3-5 de diciembre de 1997.
12. Boyden, S.(1979). «Un enfoque ecológico integral para el estudio de los asentamientos humanos». Notas técnicas del MAB 12, Unesco, París.
13. Camarassa, J.M.; Margalef, R. (1993). «L'artifilització antròpica de la Biosfera» *Biosfera 1*, Planeta Viu, pp. 289-316, Enciclopèdia Catalana, Barcelona.
14. Casado, N; González, J.M.; de Llorens, J.I.; Mañà, F; Martorell, P.; Puig-Pey, A.; Rius, F.; Soldevila, A. (1995). «Formación de Técnicos en Medioambiente-Edificación». Programa LIFE. ITEC-COAC-ETSAB, Barcelona, en http://www.coac.net/PUB/cauc/COAC/Life/life.htm.
15. CEE (1993). «Daylighting in Architecture. A European reference book». Commission of the European Communities". James & James Science, London.
16. City of Copenhagen / Agency of Environmental Protection (1993). "Ecological Urban Renewal in Copenhagen. A European Model, Final

Report on the EC-project Model for Ecological Renewal of Old City Areas". Copenhagen. Extraído de la base de datos SURBAN Good practice in urban development', European Commission, DG XI and Land of Berlin European Academy of the Urban Environment, Berlín.
17. Clifford, J. (2001). *Entropía como factor de toda actividad.* En http://csf.colorado.edu/seminars/non-dualecology/proceedings/0323.html.
18. Committee on the Applications of Ecological Theory to Environmental Problems. Commissions on Life Sciences. National Research Council (1986). *Ecological knowledge and environmental problem-solving. Concepts and Case Studies.* National Academy Press.
19. Conclusiones de las "I Jornades sobre Construcció i Desenvolupament Sostenible. Barcelona 16,17 i 18 de maig de 1996". Col·legi d'Aparelladors I Arquitectes Tècnics de Barcelona. Barcelona, 1996.
20. Cowell R.; Owens S. (1997). *Sustainability: The New Challenge*, en Blowers Andrew and Evans Bob (eds). *Town Planning into the 21st Century.* Routledge, London, pp.15-31.
21. Diputació de Barcelona (1998). *Eines per a la gestió municipal cap a la sostenibilitat: la pràctica diària de l'Agenda 21 Local.* Diputació de Barcelona.
22. Domingo, M.; Verdaguer, C.; Velázquez, I. et al. (2000). *Per un nou barri sostenible: Trinitat Nova. Document de treball.* Associació de Veïns Trinitat Nova i Pla Comunitari, Barcelona.
23. Dorney, Robert S. (1987) *The professional practice of environmental management.* Springer-Verlag.
24. Earth Council (1996). "Ranking the Ecological Impact of Nations". Documento Earth Council, en http://www.ecouncil.ac.cr./rio/focus/report/english/footprint/ ranking.htm.
25. Ehrlich i Ehrlich (1980). *Población, recursos y medio ambiente.* Omega.
26. European Environment Agency (1995). *Europe´s Environement: The Dobris Assessment.*
27. Firestone, D. "Suburban Comforts Thwart Atlanta's Plans to Limit Sprawl". *New York Times.* 21/12/1999. Artículo extraído de http://www.gyford.com/phil/uhcl/systems/examples.html.
28. Flos, J.; Gutierrez, E.(1995). "Caos en ecologia: alguna cosa més que un argot?" en *Ordre i caos en Ecologia.* Col. Estudi general, Ciències experimentals i matemátiques n°6, Publicacions de la Universitat de Barcelona.
29. Freedman, B. (1989). *Environmental Ecology. The impacts of pollution and other stresses on ecosystem structure and function.* Academic Press.
30. Gabora, L. (1997). "The origin and Evolution of Culture and Creativity", en *Journal of Memetics - Evolutionary Models of Information Transmission*, 1, en http://www.cpm.mmu.ac.uk/jom-emit/voll/gabora_1.tml.

31. González Bernáldez, F. (1981). *Ecología y Paisaje*. H. Blume, Madrid.
32. *Guia d´aplicació del Decret 201/1994, regulador dels enderrocs i altres residus de la construcció*. Barcelona, ITEC i Junta de Residus, 1995.
33. Guilianelli, S. «Objetivos de la Conferencia» en "El Futuro del Medio Ambiente Urbano". Conferencia de Madrid, 29-30 de abril de 1991. Colecci?n Textos y Documentos de la Secretaria General del Medio Ambiente, MOPU, 1991.
34. Habitat II the United Nations Conference on Human Settlements. Istanbul, Turquía, junio 1996.
35. Heylighen, F "What is de complexity", en http://pespmc1.vub.ac.be/COMPLEXI.html.
36. Heylighen; Joslyn; Turchin. "Introduction to principia cibernetica" en http://pespmc1.vub.ac.be/intro.html.
37. Hoffmeyer, J. (1997). "Biosemiotics: Towards a New Synthesis in Biology". *European Journal for Semiotic Studies*, Vol. 9 No. 2, pp 355-376.
38. Jüdes, U. (1997). "Human Orientors: Systems Approach for Transdisciplinary Communication of Sustainable Development by Using Goal Functions". En Müller F. y Leupelt M. (eds.). *Eco Targets, Goal functions, and Orientors. Teoretical Concepts and Interdisciplinary Fundamentals for an Integrated, System-Based Environmental Management*. Springer, Berlín-Heidelberg-Neva York.
39. Kauffman, S.A. (1993). *The origins of order: self-organization and selection in evolution*. Oxford University Press.
40. Kauffman S. A. (1995). *At Home in the Universe: The Search for Laws of Self-Organization and Complexity*, Oxford University Press.
41. Krebs, Ch.J. (1989). *Ecological Methodology*. Harper and Row Publishers, Nueva York.
42. Lanssen, N.; Roodman, D.M. (1994). "Construir edificis millors" en Brown, Lester R. *L'Estat del Món 1995*. Informe de l'Institut Worldwatch sobre els avenços cap a una societat sostenible. Centre UNESCO de Catalunya, Barcelona.
43. Lemke, J.L. (1993). *Discourse, Dynamic, and Social Change en Language as Cultural Dynamic*. Special issue of Cultural Dynamics, M.A.K. Halliday, Issue Editor.
44. Lucas, C. (1997). *Self Organizing Systems*. Lesson 4, en http://platon.ee.duth.gr/~soeist7t/Lessons/lesson4.htm.
45. MAB-UNESCO (1981). «An integrative ecological approach to the study of human settlements». UNESCO.
46. Margalef, R.(1977). *Ecologia*. Omega, Barcelona.
47. Margalef, R. (1980). *La Biosfera: entre la termodinámica y el juego*. Omega, Barcelona.
48. Margalef, R. (1978). *Perspectives in ecological theory*. University Chicago Press. Versión en castellano en Blume, Barcelona.
49. Margalef, R: (1981). *Ecología*. Planeta.

50. McManus Ph. (1996). "Contested Terrains: Politics, Stories and Discourses on Sustainability", en *Environmental Politics*, vol. 5, n. 1, pp 48-73.
51. McManus Ph. (1998). "Sustainability, Planning and Urban Form: The approaches of Troy", en *Newman & Kenworthy, Trainer and Rees*. Australian Planner, vol. 35, n. 3, pp.162-168.
52. Megacities 2000 (1996). Megacities Codex. Documento en World Wide Web, Megacities 2000, http://www.megacities.nl/codex.html.
53. Mikiten, T.M.; Salingaros, N.A. (2000). *Darwinian Processes and Memes in Architecture*. En http://www.math.utsa.edu/sphere/salingar/Darwinian.html.
54. Mol A. (1995). *The Refinement of Production: Ecological Modernization Theory and the Chemical Industry*. Van Arkel, Utrecht.
55. MOPT (1991). "El futuro europeo del medio ambiente urbano". Conferencia de Madrid.
56. Muntañola, J. (1979). *Topogémesis Uno. Ensayo sobre el cuerpo y la arquitectura*. Oikos Tau, Vilassar de Mar.
57. Muntañola, J. (1995). "El nen i la ciutat". Jornadas *Petits però ciutadans*. Granollers, Barcelona.
58. Odum, E.P. (1973). *Ecología*. Interamericana, México.
59. Odum, H.T.; Odum, E.C. (1981). *Hombre y Naturaleza: bases energéticas*. Omega.
60. Odum, H.T. (1980). «Ambiente, energía y sociedad». Blume Ediciones.
61. OneWorld (1996). "Cities: London's footprint". Document en World Wide Web, en http://www.oneworld.org/guides/thecity/superorganisms/footprint.html.
62. Pares, M.; Pou, G.; Terradas, J: (1985). *Descobrir el Medi Urbà. 2 Ecologia d'una ciutat: Barcelona*. Ajuntament de Barcelona.
63. Paricio, I.; Sust, X. (1996). *L'habitatge contemporani: programa i tecnologia*. Institut de Tecnologia de la Construcció de Catalunya-ITEC, Barcelona.
64. Pol, E. (2000). *Impacte social, comunicació ambiental i participació*. Monografies universitàries 3, Departament de Medi Ambient, Generalitat de Catalunya.
65. "Proceedings, Second International Symposium on Urban Planning and Environment - Strategies and Methods for Improving Environmental Quality in Compact Cities". 11-14 de marzo de 1997, Groningen (The Netherlands).
66. Racionero, L. (1974). «Sistemas de ciudades y ordenación del territorio». Alianza Universidad. Madrid.
67. Rambler, M. B.; Margulis, L.; Ferter, R. J. (eds.) (1989). *Global Ecology. Towards a science of the Biosphere*. Academic Press.
68. Rapoport, A. (1974). *La ecología de la vivienda. Aspectos de la calidad del entorno*. Colección Cuestiones de Arquitectura, La Gaya Ciencia.
69. Vale, B. y Vale, R. (1991). *Green Architecture*. Thames & Hudson.
70. Ruano, M. *La ciudad relacional. Un modelo de ecourbanismo para la*

ciudad sostenible, en http://www.pangea.org/events/sostenible/doc/ruano.html.
71. Rueda, S. (1995). *Ecologia Urbana: Barcelona i la seva regió metropolitana com a referents.* Beta Editorial, Barcelona.
72. Rueda, S (1991). *L'ecologia urbana i la planificació de la ciutat.* Medi Ambient, Tecnologia i Cultura. n.5, Generalitat de Catalunya.
73. Salingaros, N.A. (1997). "Life and Complexity in Arquitecture From a Thermodynamic Analogy", *Physics Essays*, vol.10. pp 165-173, Physics Essays Publications.
74. Salingaros, N.A. Las leyes de la arquitectura desde la perspectiva de un físico. *El hombre y la máquina*, n.16 pp. 12-23, abril 2001.
75. Serra, R. (1993). *Les energies a l'arquitectura.* Edicions UPC, Barcelona.
76. Shabbir Cheema (Strengthening Urban Institutional Capabilities), en "ADB-UNCRD Regional Seminar on Major National Urban Policy Issues", Manila, 3-7 febrero 1987.
77. "Solar Energy in Architecture and Urban Planning. Principles for Solar Construction". 4th European Conference on Solar Energy in Architecture and Urban Planning, Prestel Verlag, Munich, 1996.
78. Stanners, D.; Bourdeau, Ph. (eds) (1995*). Europe's Environment: The Dobris Assessment.* European Environment Agency, Copenhagen.
79. Schwarz, E. (1996). "Toward a holistic cybernetics. Form science through epistemology to being", en *Cybernetics and human knowing.* Aalborg.
80. Stewart, J. (2000*). Evolution's arrow: The direction of evolution and the future of humanity.* The Chapman.
81. Stewart, I (1998). *El segundo secreto de la vida.* Crítica, pp 34-38.
82. Tellegen, E. et al. (1998). *Society and its Environment. An introduction.* Gordon and Breach Science Publishers, Amsterdam.
83. Terradas, J. et al. (1989). « Història Natural dels Països Catalans», *Sistemes Naturals,* vol.14, Enciclopèdia Catalana.
84. Terradas, J. (1986). "Aspectos conceptuales sobre la dinámica de los ecosistemas terrestres", en *Bases Ecològiques per la Gestió Ambiental*, pp. 9-12, Diputació de Barcelona.
85. Toulmin, S. (1977). *La compresión humana. I El uso colectivo de los conceptos.* Capítulo 4, Alianza Universidad, Alianza Editorial, Madrid.
86. *United Nations Environment Programme, Environmental Data Report 1993 & 1994.* Blackwell Publishers, Oxford, 1993, p. 331.
87. Varela, Thomson y Rosch (1991). Citado por Randall Whitaker en *Aupoietic Theory* (1996), en http://platon.ee.duth.gr/~soeist7t/Lessons/lesson3.htm.
88. Wagensberg, J. (1985). *Ideas sobre la complejidad del mundo.* Tusquets Editores.
89. Warner G. (1998). "Sustainability and Subdivision Design – Division and Holism". First Student Conference on Ecologically Sustainable Residential Development, Faculty of Built

90. WRI, "World Resources 1996-97: A Guide to the Global Environment". Documento en World Wide Web, World Resources Institute, en http://www.wri.org/wri/wr-96-97/execsumm/ index.html.
91. Wilkins, J.S. (1998). "What's in a Meme? Reflections from the perspective of the history and philosophy of evolutionary biology". *Journal of Memetics-Evolutionary Models of Information Transmission*, 2, en http://www.cpm.mmu.ac.uk/jom-emit/1998/vol2/wilkins_js.html.
92. Young, J.E.; Sachs, A. (1994). "La creació d'una economia de materials sostenible" en Brown, L. R. *L'Estat del Món 1995. Informe de l'Institut Worldwatch sobre els avenços cap a una societat sostenible*. Centre UNESCO de Catalunya, Barcelona.

www.ingramcontent.com/pod-product-compliance
Lightning Source LLC
Chambersburg PA
CBHW080545170426
43195CB00016B/2685